Les Sept Livres de
l'Archidoxe Magique

Copyright © 2018

Éditions Unicursal Publishers
unicursal.ca

ISBN 978-2-924859-58-2 (PB)
ISBN 978-2-89806-322-0 (HC)

Première Édition, Ostara 2018

Tous droits réservés pour tous les pays.

Aucune partie de ce livre ne peut être reproduite ou transmise sous aucune forme ou par quelque moyen électronique ou mécanique que ce soit, par photocopie, par enregistrement ou par quelque forme d'entreposage d'information ou système de recouvrement, sans la permission écrite de l'éditeur ou de l'auteur.

PARACELSE
des
Mystères Suprêmes
de la
NATURE.

La Guérison Magique, Sympathique,
et Antipathique des Blessures et Maladies.

Les Mystères des douze SIGNES du Zodiaque.

☯

aussi connu sous le nom de
L'ARCHIDOXE MAGIQUE

☯

*Traduction, introduction et préface
par le Dr Marc Haven*

1656

NOTE DE L'ÉDITEUR

Lors de la réédition de ce magnifique ouvrage, nous avons dû contre-vérifier les sources disponibles afin de nous assurer de l'exactitude des phrases, termes, sceaux ou symboles utilisés tout au long de ce livre.

Ainsi, en comparant la traduction française ici présente contre notre copie maîtresse (*Robert Turner — 1656*), certains passages et éléments différaient. En conséquence, ils ont été corrigés pour le bénéfice du lecteur afin d'offrir la copie du livre la plus exacte possible.

Pour ce travail, nous avons utilisé le livre intitulé :

Paracelsus — Of the Supreme Mysteries of Nature. Of the Spirits of the Planets. Of Occult Philosophy. The Magical, Sympathetical and Antipathetical Cure of Wounds and Diseases. The Mysteries of the twelve Signs of the Zodiack, trans. R. Turner, Londres : N. Brook & Harison, 1656.

Nous espérons que le lecteur trouvera la somme de notre travail satisfaisante.

PRÉFACE

Au commencement du XVIᵉ siècle, alors que toute la science somnolait en répétant les oracles d'Avicenne et de Galien, apparaît l'homme à la voix forte, médecin et chimiste, qui se dresse en adversaire des lois établies, brûle les livres médicaux des Grecs et des Arabes, parle philosophie en langue vulgaire, guérit les malades contre toutes les règles de l'art et court l'Europe, buvant avec le premier venu, bataillant avec beaucoup, étudiant avec tous.

Son rôle fut si grand qu'à son époque même, son nom souleva des émeutes. Paracelse eut des disciples fidèles, des admirateurs bruyants, des malades reconnaissants jusqu'à la dévotion ; il eut aussi, parmi les médecins, des ennemis féroces dont la violence justifie assez les apostrophes véhémentes qu'on lui a si souvent reprochées. Ce « *monstre vomi par l'enfer* », ce « *chemineau innommable* » comme l'appelaient les Eraste, les Dessenius[1] et tant d'autres confrères dont la boutique se désachalandait, faisait rire les malades et gémir les apothicaires de Rome à Londres et de Paris à Varsovie ; aucun homme, sauf plus tard Cagliostro, ne suscita pareil tumulte autour de lui.

Quand ses ennemis crurent l'avoir enfin bien et dûment enterré — on dit même qu'ils aidèrent fort à cet événement — ce fut pis encore : une pléiade de disciples surgit glorifiant le maître, soignant les malades selon ses rites, oubliant ses arcanes. Les Rhenanus, les Camerarius témoignaient de ses merveilleux pouvoirs ; ils avaient vu à Munich, ils gardaient à Nuremberg de l'or fait par lui avec un vieux clou en fer, et qui restait encore moitié fer, moitié or ; les Crollius, les Thurneyser commentèrent et éclaircirent ses doctrines. Critiques, apologistes, exégètes, traducteurs, forcèrent les savants des XVIe et XVIIe s à ne penser que par lui, à ne parler que de lui. Le souffle de liberté et de vie nouvelle qui passait, avec son nom fit flotter la bannière des Rose-Croix. Son influence traversa le XVIIIe siècle : Van Helmont, c'est Paracelse encore.

De nos jours, alors que des siècles nous séparent de son époque, que l'histoire s'est éclairée et que la science

---

1 « *Magus monstruosus, superstitiosus, impius, et in deum blasphemus, mendacissimus, impostor, ebriosus, erro, monstrum abhorrendum!* » Dessenius. *Medicina veterum.* Col. Agrippæ, 1573, p. 202.

a progressé, il semble que le nom de Paracelse ne devrait plus présenter d'intérêt ni susciter de travaux. Or, il n'en est rien : dix ans ne se passent pas depuis le début du siècle sans que, tour à tour, et avec la plus vive ardeur, un défenseur ou un critique ne se lève pour parler du Roi des Arcanes. Ce mort ne laisse pas les vivants en repos ; les uns, innovateurs de quelque thérapeutique, — magnétisme, homéopathie, opothérapie, etc. — rencontrant dans une citation de Paracelse un mot qui les étonne, se reportent au texte, s'ébahissent de découvrir l'idée mère de leur système déjà formulée par le grand alchimiste, et Paracelse réapparaît sur la scène derrière quelque spécialiste original. Les classiques, au nom de la doctrine médicale du jour, protestant contre l'innovateur et plus encore contre Paracelse ; quelques indépendants se mêlent au débat ; c'est ainsi que nous avons vu Schultz, Marx, en Allemagne ; Bouchut, Cruveilher, en France n'hésitant pas à placer Paracelse avant Montaigne et Rabelais, à en faire le précurseur de toute science, le rénovateur de la médecine, tandis que Daremberg et Chevreul n'y voient, l'un, qu'un médiocre imitateur des anciens, l'autre qu'un fou ignorant et prétentieux.

Comment expliquer cette contradiction ? Pourquoi cette polémique renaissant toujours, ce brouillard enveloppant l'étrange figure du médecin d'Einsiedeln ? C'est que Paracelse, comme beaucoup de mystiques, sentait les choses plus qu'il ne les pensait : il essayait de les exprimer avec des termes nouveaux ou détournés de leur acception habituelle, sans grand souci de ses auditeurs ; l'évidence qu'il avait du fait lui semblait devoir illuminer de même celui qui l'écoutait. Les Bœhme, les Wronsky n'ont-ils pas fait de même ? Son œuvre, incomplètement traduite d'un haut allemand plein de ces néologismes spéciaux en un latin douteux, est donc restée toujours mystérieuse. Quelques traductions françaises partielles comme celles de la Grande et de la Petite Chirurgie sont peu répandues ; si bien que le texte de Paracelse est encore inconnu même des érudits. Daremberg, l'un des hommes les plus instruits que nous ayons eus sur ces matières et qui a consacré sa vie à l'étude des doctrines médicales, n'avoue-t-il pas lui-même qu'il n'a pas lu tout Paracelse et qu'il a dû péniblement en traduire pour son usage personnel quelques passages ?

Aujourd'hui où la connaissance du latin disparaît, hélas ! à grands pas, la publication d'une traduction de *l'Archidoxe Magique* présente un intérêt capital, et nous espérons que d'autres traités de Paracelse nous seront encore donnés ; tout lecteur habitué aux auteurs hermétiques et aux philosophes mystiques, étudiant sans parti-pris les œuvres de notre auteur, y trouvera de grandes et fécondes vérités au milieu de beaucoup d'obscurités voulues[2] ou inévitables. Il estima d'abord l'œuvre de Paracelse pour les enseignements qu'il y puisera ; puis il aimera l'auteur, comme nous l'avons fait, en l'étudiant de plus près dans sa vie débordante d'activités ; car ses livres ne sont qu'une portion de lui-même, la plus petite, la moins vivante ; ses actes, ses sentiments, révèlent plus puissamment encore l'esprit qui l'animait. S'il eût vécu de nos jours, il eût été pour nos sciences actuelles, fortes de leurs admirables découvertes et de leurs énergiques intransigeances, un révolutionnaire d'une bien autre envergure, un semeur de bien plus extraordinaires moissons. C'est ainsi qu'il faut songer à lui ; c'est ainsi qu'on peut l'admirer sans réserves, en le désaffublant par la pensée du costume suranné et du bizarre accoutrement sous lequel nous sommes habitués à le considérer ; alors, au travers du *Paragranum* mystérieux, du *Labyrinthus* décevant, ou de l'*Archidoxe magique*, tout constellé de talismans, nous pourrons évoquer, en vérité, l'esprit de Paracelse.

Dr. Marc Haven.

---

2 « Paracelse n'a écrit aucune recette touchant la médecine qui n'ait un sens caché et dans laquelle il n'y ait quelque chose en moins ou quelque chose en plus, et cela avec grandes raisons ». Luchter, *Traité de l'Antimoine*, ch. V.

INTRODUCTION

Les progrès faits chaque jour par la science moderne sont près d'avoir une conséquence fort remarquable et fort inattendue : la mise en lumière des vérités découvertes par les alchimistes et méprisées il y a encore moins d'un demi-siècle.

Que ne reprochait-on pas aux alchimistes ? Le but même qu'ils poursuivaient avec tant d'opiniâtreté, leurs doctrines, leurs méthodes empiriques et leur facilité d'apriorisme. À dire vrai, il entrait dans cette série de griefs une part de légèreté et une autre plus grande de précipitation. Sans réfléchir à l'état encore embryonnaire, quant aux théories d'ensemble, des connaissances modernes, on tenait rigueur à l'école des souffleurs d'avoir osé concevoir une science d'après une philosophie, et une philosophie d'après une science peut-être trop faible. Puis, sans chercher à discerner l'allégorique du littéral, on prenait pour des thèses Scientifiques ce qui, bien souvent, relevait de la métaphysique; de ces deux chefs d'accusation, grand mépris qui n'allait pas sans injustice.

En somme, quel était le but des alchimistes? Point autre chose que l'application à la science des théorèmes philosophiques. L'unité de substance, d'où résultait l'unité de la matière, l'évolution de cette matière, la conscience des forces, tels étaient les principes qui se drapaient sous les recherches du Grand Œuvre. Que la méthode fût empirique et trop aprioriste, soit! Mais qu'importe le chemin, si l'on arrive à la vérité? Partir de l'ensemble pour arriver aux détails peut très bien conduire aux mêmes résultats que la méthode analytique, et ne serait-il pas de quelque piquant que les découvertes récentes corroborent les recherches et les théories si décriées des Lulle, des Rupescissa et des Paracelse?

En chimie, les dernières expériences de Ramsay par la transformation de sels de cuivre en sels de lithium sembleraient promettre dans un bref délai la preuve académique de la possible transmutation des métaux. Et, conséquence inattendue de travaux récents, l'ombre de Martinès de Pasqually se réjouira peut-être de trouver un appui expérimental à sa théorie de la réintégration des êtres dans l'hypothèse de la probable et très lente évolution de l'uranium vers le plomb. Cette insensible transformation de la matière inanimée aurait pour résultat, le jour où elle serait définitivement établie, de montrer l'ascension de la vie universelle vers un idéal dont l'homme ne serait qu'un des stades.

Si l'unité de matière apparaît comme plausible, l'unité des forces est, jusqu'à présent, nécessaire à la physique pour donner une généalogie à l'ensemble des grandes manifestations des forces naturelles. La Lumière, la Chaleur et l'Électricité pénètrent jusqu'au vide le plus rigoureusement obtenu. Ces trois ordres de phénomènes seraient donc le résultat d'ondes ou vibrations provenant d'une source inconnue dans sa substance, mais non dans ses manifestations.

L'Éther, léger, impalpable, supérieur en fluidité à l'état gazeux comme celui-ci l'est à l'état liquide, éminemment compressible, se trouverait répandu partout, en puissance de tout pénétrer et de traverser toute surface même la plus dense et la plus épaisse ; il serait à la fois, pour ces courants de force, origine et organe de transmission. Voici qui nous ramènerait, ou je me trompe fort, à l'unité de force opposée à l'unité de matière promise par la chimie. La prochaine théorie sera, peut-être, démontrable scientifiquement, l'unité de substance, production à la fois de force et de matière. Ce jour-là verra la réhabilitation de toute une longue série de générations si injustement méprisée : le travail, même s'il se trompe, a droit au respect, en raison directe de la constance que l'homme y a mise.

Les théories de Paracelse, pour si étranges et si charlatanesques qu'elles paraissent, deviennent parfaitement lucides, dès que l'on ne se laisse plus prendre à la glue des mots et à la piperie des verbes. Nous devons, avant de déclarer absurdes les pratiques des siècles passés, étudier le temps où elles avaient cours. Pour faire saisir aux masses une théorie qui leur est destinée, il faut l'envelopper dans l'ambiance qui, émanant de ces masses, les enferme et les régit. « Tout homme, dit un vieil axiome, obéit au maître qu'il s'est choisi. » Il n'y en a pas de plus terrible et de plus exigeant, on le sait, que celui que l'on s'est créé : le vieux savant d'Andersen était un esclave d'autant plus despotiquement conduit qu'il obéissait à sa propre ombre. La croyance d'une époque régira donc la génération du moment avec la verge de fer de l'Écriture. Pour élever cette génération, l'arracher à son mal, il faudra lui présenter dans l'ambiance d'elle-même les germes d'idéal qui la sauveront. Tel le médecin présente le remède sous une apparence agréable. C'est à la fois un mélange d'apparente homéopathie et d'allopathie réelle.

À ce moment la Renaissance, les esprits traversaient une crise religieuse dont nous subissons encore le contrecoup. Le médecin, l'être quasi-surnaturel d'aujourd'hui, le dieu d'alors, puisqu'il était le résumé de la science générale de l'époque, avait donc pour devoir de donner d'abord ses soins ; puis, chose admirable, de transformer — tout n'est-il pas dans tout — l'erreur courante en vérité enveloppée de mythe. Il est à constater que la plupart des malentendus viennent d'avoir pris au sens littéral des fables, paraboles, axiomes, livrés aux foules sous un sens figuré. Bien des aphorismes de ce « charlatan », nombre de boutades de « cet illuminé », pris dans un sens général, deviennent des éclairs de génie et nous ouvrent des horizons d'une grandeur insoupçonnée par la philosophie à la mode. Car nul n'est, à proprement parler, un novateur ; le novateur se contentera d'exprimer en termes nouveaux des idées courantes, en quelque sorte porte-parole de son temps et de son milieu.

Je ne puis, la matière serait trop vaste, montrer, d'après l'œuvre générale de Paracelse, l'ensemble complet de ses théories ; mais je puis, me basant sur l'interprétation des traités de *l'Archidoxe Magique*, donner un aperçu de ses idées métaphysiques.

Le point initial sera, comme il est d'usage chez tous les êtres de foi, l'infini, c'est-à-dire Dieu lui-même. Dieu possède, d'après Paracelse, une influence prépondérante sur la nature. Mais, et c'est une conséquence des influences astrales, Dieu n'est pas séparé de la vie et de la matière universelle, le créateur ne fait qu'un avec l'ensemble de ses créatures. La vie de Dieu, sera la vie universelle ; la substance infinie, productrice de la matière et de la force, sera l'ensemble la substance divine ; la conscience de Dieu sera l'ensemble des lois de la vie universelle ; la loi pure, à la fois principe et résultat des conflits perpétuels des Êtres entre eux. Paracelse fait-il profession de catholicisme ? Prenez ses affirmations comme le plus sûr bouclier contre le bûcher ou l'*inpace*. Quand je dis vie universelle, je ne fais que prendre une de ses affirmations. La matière, en apparence inanimée, est, selon lui, douée d'une vie propre, donc d'une existence évolutive, car nul ne peut donner que ce qu'il possède. Les métaux pourraient-ils guérir, donc recréer de la vie, s'ils ne possédaient pas une vitalité propre ? Il y a dans cette assertion comme un pressentiment des influences radio-actives. En tout cas, du moment que toute la matière est douée de la vie, du moment que les corps — en apparence les plus inertes — sont capables d'influence magnétique, les astres n'ont-ils pas un pouvoir sur les hommes ? C'est que la vie est universelle, quelles que soient les modalités adoptées par elle, et par conséquent que Dieu, synonyme de vie infinie, réside dans toutes les parcelles de la substance générale.

Car toujours, selon lui, les astres ont une grande influence sur tous les êtres, organisés ou non. Cet influx astral fait sentir son pouvoir tant sur le corps humain que sur les remèdes à préparer pour lui. Dans une étude des plus approfondies, M. E. C... de l'École Polytechnique, a démontré l'existence de relations magnétiques entre les astres et de courants dans lesquels peut être entraînée la vie répandue sur la surface — et j'ajouterai dans la masse — de la machine ronde. L'homme serait « un feuillet magnétique ». Cette affirmation procède des méthodes et des constatations modernes. Si donc l'homme est soumis à *Saturne* ou à *Vénus*, d'après les savants modernes, Paracelse aurait donc été dans le vrai, et avec lui l'ensemble de son système *caché*. Gardons-nous, du reste, d'attribuer mérite de telles découvertes à notre Salzbourgeois, car quelque dix mille ans avant lui, des bergers sémites et des « rêveurs » avaient non seulement connaissance de cette loi, mais même en avaient tiré toutes les conséquences qu'elle pouvait comporter.

Tout s'enchaîne. Si les astres inanimés ont une influence d'un ordre général, les êtres organisés doués d'une volonté auront une influence particulière, par déplacement et par fixation de leur magnétisme personnel, sur eux-mêmes ou sur d'autres êtres, sciemment ou inconsciemment. Les cas inconscients sur d'autres êtres seraient, je suppose, la jettatura, et sur soi-même, la suggestion personnelle. Nous reviendrons sur ce dernier point pour expliquer les divers remèdes apportés dans *l'Archidoxe Magique*.

Cette puissance du magnétisme personnel fait partie de ce que les traités anciens appelaient le verbe ; les modernes la nomment pouvoir hypnotique. Les savants ont étudié cette transmission de la volonté, ce commandement à distance, principalement dans les relations entre êtres organisés. Combien plus grand sera ce pouvoir des êtres doués d'une volonté consciente sur les êtres inconscients. Les expériences scientifiquement constatées des fakirs hindous en sont une preuve éclatante. Si donc ce pouvoir d'un être organisé se double de la connaissance des influx astraux, la faculté de commandement de cet être sera immense. Et s'il est appliqué par son possesseur à guérir les malades, à coup sûr la cure des maladies en traitement n'est qu'une affaire de jours.

Paracelse avait certainement un très grand pouvoir magnétique; mais, de plus, il se targuait de connaître jusqu'au plus profond l'universalité des lois astrologiques. Le bon de l'affaire était la confiance absolue de ses malades en lui, leur guérisseur. Bien des cas soumis aux vertus de l'Usnée prenant naissance dans un crâne humain, de la Mumie, ou de la graisse d'ours, ont peut-être dû leur guérison à la suggestion personnelle des malades affectés. Paracelse connaissait-il ce pouvoir d'auto-suggestion? Il n'est pas impossible, et j'en trouverais une preuve dans le traitement des blessures par l'arme enduite du sang du blessé. Il y a là une fixation de volonté de la part du patient sur cette pommade qui lui apportera, croit-il, la guérison, et telle est la réaction des influx nerveux que cette cure, maintes et maintes fois, dut être couronnée de succès.

En résumé, voici quelle serait la théorie générale, en quelque sorte la philosophie de Paracelse : L'Unité serait la loi dominante de l'Univers, unité de la force, unité de la matière, et l'ensemble de ces unités serait Dieu, l'infiniment unique et l'uniquement infini, L'essence de notre univers serait la Loi, ensemble des règles qui régissent les actions et les réactions des modalités vitales. Car la matière tout entière est imprégnée de vie qui se manifeste sous autant d'apparences et par l'intermédiaire d'autant d'organes que d'êtres. La vie étant unique et ses seules modalités variables, tout n'est donc que rapports et tout n'est qu'harmonie. Quand le poète disait que

Les parfums, les couleurs et les sons se répondent,

il ne faisait que constater l'existence des rapports esthétiques, eux-mêmes indices de rapports dynamiques primordiaux.

La philosophie de Paracelse, par suite, se trouve, en réalité, beaucoup plus élevée qu'on a bien voulu le croire. Le médicastre a donc eu deux existences, l'une toute de forfanteries et de charlatanisme, l'autre toute de grandeur, et de beauté, ne vivant que de conceptions fortement charpentées et ne se nourrissant que d'idéal. Mais si l'on veut réfléchir que, dans les manifestations scientifiques, le charlatan marchait toujours de pair avec le penseur, on se dira peut-être que toute la mauvaise foi apparente n'était qu'un sacrifice à l'idée pure, et que cet homme si décrié, mis en demeure de choisir entre sa considération et le bien à répandre, avait, pour faire triompher ses idées, choisi le martyre — mais le martyre le plus pénible et le plus amer pour tout esprit élevé — le martyre par le ridicule.

15 sept. 1909.

Paracesle

Des Mystères des Signes du Zodiaque :

Étant la Cure Magnétique et Sympathique des Maladies, alors qu'elles sont attribuées sous les Douze Signes régissant les parties du Corps.

LE PROLOGUE.

Si nos présents écrits voient jamais le jour, je suis persuadé que la plupart de mes lecteurs seront fort étonnés par les insignes vertus cachées à l'état latent dans les métaux préparés par un artifice manuel. D'aucuns les tiendront pour superstitieuses, magiques, supernaturelles ; d'autres les rangeront parmi les pratiques abominables et idolâtriques, comme si leur préparation nécessitait des conjurations diaboliques. Voici quel sera leur raisonnement : Comment donc des métaux portant gravés des caractères, lettres et signes de même genre, peuvent-ils avoir des vertus, si une œuvre diabolique n'intervient pas dans leur préparation ? Je leur répondrai de la sorte : Croyez-vous donc, comme j'entends, que de telles choses accomplies par l'œuvre du Diable posséderaient leurs vertus et facultés d'opérer ? Ne croyez-vous donc pas le Créateur de la Nature, Dieu, habitant dans les cieux, capable lui aussi d'induire et de conférer les vertus et facultés d'opérer de ce métal ainsi préparé, aux racines, herbes, pierres et autres choses semblables ? Comme si le Diable était plus fort, plus ingénieux, plus omnipotent, plus puissant que le Dieu unique, éternel, omnipotent, miséricordieux qui, pour le salut et la commodité de l'homme, créa et fit jaillir par gradation ces métaux, pierres, herbes, racines et autres choses semblables, qui vivent et croissent dans et sur la terre, dans les eaux et dans l'air ? De plus, il est très certain, et l'expérience l'a mis en lumière, que le cours du temps exerce des forces et des actions différentes, surtout si des métaux déterminés sont fondus ensemble et travaillés à des époques spéciales. J'ai dit que cela se constate et se met en évidence expérimentalement de beaucoup de manières. Personne ne peut démontrer que les métaux soient morts et privés de vie. En effet, leurs huiles, sels, soufres, et quintessences, — lesquelles sont leur plus pure Réserve, — ont une très grande force pour activer et soutenir la vie humaine, et l'emportent en cela sur tous les corps simples ; c'est ce que nos remèdes mettent en évidence. En tout cas, si ces corps étaient privés de vie, comment, je vous prie, pourraient-ils opérer la résurrection, la restitution au seuil de la mort, dirai-je, d'une force fraîche et pleine de vie dans des membres, dans des corps humains malades et presque mourants ? En effet, cela est notoire, chez des gens évanouis, des personnes à l'état de crise, des calculeux, des syphilitiques, des hydropiques, des épileptiques, des maniaques, des podagres, et chez tous les autres que le souci d'être bref me fait omettre. Or, je l'affirme audacieusement, les métaux, les pierres et les racines, les herbes et tous les fruits sont riches de leur propre vie, à cette différence près que le moment (astrologique) intervient pour le travail et la préparation des métaux. Le temps possède, en effet, une force et une efficacité manifestes : de nombreux arguments sont là pour l'enseigner ; la connaissance qu'en a le public nous permet de les passer sous silence. Nous avons, en effet, décidé d'exposer ici non ce qui est banal et de notoriété publique, mais seulement des sujets difficiles, incompréhensibles, heurtant même le bon sens.

Eux aussi, les signes, les caractères et les lettres ont leur force et leur efficacité. Si la nature et l'essence propre des métaux, l'influence et le pouvoir du Ciel et des Planètes, la signification et la disposition des caractères, signes et lettres, s'harmonisent et concordent simultanément avec l'observation des jours, temps et heures, quoi donc, au nom du ciel, empêcherait qu'un signe ou sceau fabriqué de la sorte ne possédât sa force et sa faculté d'opérer ? Pourquoi ceci en temps utile ne servirait-il à la tête, ou cela n'accommoderait-il la vue ? Pourquoi telle autre chose ne serait-elle de bon usage pour le calcul des reins ? Et pourquoi même ne soulagerais-tu pas ainsi ceux qui fatiguent leur corps à force d'ingérer d'autres remèdes ? Cependant, rien ne doit être exécuté ou espéré sans l'aide et le secours du Père même de la médecine, *Jésus Christ*, le vrai et unique médecin.

Les autres protestent et objectent que les paroles et les signes n'ont aucune force, qu'il n'y en a aucun d'efficace, à part la croix, lorsqu'ils ne sont simplement que figures et caractères. Ils allèguent, en outre, que le mot grec οθοχυνδοξ, ne signifie pas autre chose qu'en latin, *serpentes occidere*, et que chez les Allemands *Ignisz* est le même mot qu'*ardens* pour les Latins. Dis-moi donc pourquoi le serpent en Helvétie, Algorie, Suévie, comprend le mot grec *Osy, Osya, Osy*, etc., encore que ni chez les Helvètes, ni chez les Algoriens, ni chez les Suèves, le grec ne soit vulgaire au point que les serpents puissent l'entendre parler ! Mais dis-moi donc, où, comment, par quelles causes les serpents comprennent ces mots ? Dans quelles académies les ont-ils appris pour que, le mot à peine entendu, ils retournent aussitôt leur queue pour boucher leurs oreilles, afin de pas l'entendre de nouveau ? À peine ont-ils ouï ce mot, nonobstant leur nature et leur esprit, ils restent immobiles, ne blessent et n'empoisonnent personne de leur morsure venimeuse ; d'autre fois, à peine un bruit de pas humain frappe-t-il l'oreille que, soudain, ils s'enfuient et retournent vers leur caverne. Tu me répondras : la nature a fait cela ; c'est bien. Je ne te demanderai qu'une chose : La nature, ayant fait cela contre les serpents, ne pourrait-elle faire des choses semblables pour d'autres animaux ? Tu me diras autre chose, que la terreur entre en jeu, et qu'elle fait craindre aux serpents effrayés la vue de l'homme, les stupéfie et les tient immobiles ; tu me diras aussi que le serpent restera également immobile, si l'homme s'avance à grand fracas, criant, menaçant, ou faisant tout autre bruit. D'où il appert que les caractères, les mots, les sceaux ont eux-mêmes une force secrète en rien contraire à la nature et n'ayant aucun lien avec la superstition ! Poursuivras tu que ce ne sont pas les paroles en elles-mêmes, mais la clameur concurrente de l'homme qui produit de tels effets ? Je te contredirai ouvertement. Si tu écris, en temps favorable, ces seules paroles sur du vélin, du parchemin, du papier, et que tu les imposes au serpent, celui-ci n'en restera pas moins immobile que si tu les avais prononcées à haute voix. En outre, il ne doit pas te paraître extraordinairement impossible incroyable que la médecine puisse soulager l'homme, non par voie d'absorption, mais en se portant suspendue au cou à la manière et coutume d'un sceau. Tu vois s'opérer un fait semblable dans la vessie par l'action des cantharides. Si tu tiens à la main des cantharides, l'urine devient sanguinolente; la vessie réceptacle de l'urine, a beau être enfouie au plus profond du corps, et la main hors du corps être fort éloignée de la vessie.

Qu'il y ait quelque force même dans les choses mortes, l'exemple de l'alcyon me servira de preuve. Si tu dépouilles l'alcyon mort de sa peau, tu la verras, même desséchée, abandonner chaque année ses vieilles plumes et en produire de nouvelles de la même couleur. Ce n'est pas une année seulement, mais plusieurs de suite que tu pourras remarquer ce fait. Tu me demanderas, chez quel écrivain, chez quel auteur, j'ai lu ces choses, où j'ai découvert l'existence réelle de ces faits. O sophiste, contempteur des choses divines, voici comment je te répondrai : Dis-moi donc, je t'en serai reconnaissant, qui inspira à l'ours, chaque fois qu'il sent sa vue obscurcie par un afflux immodéré de sang, d'aller en hâte vers les ruches et de rechercher les piqûres et les blessures des abeilles pour ses veines gonflées, jusqu'à ce que l'extraction d'une certaine quantité d'humeur et de sang lui rende l'acuité de la vue ? Qui enseigna au cerf que le Dictame lui était médicament ? Qui montra la serpentaire au serpent, au chien que le gazon était thériaque et purge ? Qui instruisit le héron de puiser avec son bec de l'eau marine et de se l'administrer par l'anus en guise de clystère ? Ils sont en vérité innombrables, les animaux qui connaissent et pratiquent chacun la cure de sa propre maladie. D'où prétends-tu qu'ils aient tiré ces artifices ? Tu me diras que ce sont instincts de nature : je te louerai et t'approuverai. Toutefois, si la Nature aide aux animaux, combien n'aide-t-elle pas davantage à l'homme. Fait à l'image du créateur des choses universelles, il reçut en sus un cerveau raisonnant pour méditer et tirer parti de toutes ces choses. Au reste, il est faux et téméraire d'avancer que les éléments étrangers à l'homme ne guérissent en rien ses maladies. Le *Soleil,* en effet, qui nous apporte splendeur et lumière, pénètre tellement les choses même cachées, qu'il chauffe vivement les cavernes et les endroits les plus retirés. Personne ne le niera, au printemps, les parties terrestres les plus secrètes prennent chaleur de partout : le *Soleil* cependant ne répand sa lumière que sur les choses élevées et suréminentes. De là vient la force, le suc, une nouvelle vie en quelque sorte pour tout ce qui croît. Le renouveau de la Nature et l'influence réunie des astres célestes et des planètes, joints aux autres remèdes que nous tirons des métaux, des herbes, des pierres et autres semblables, ne pourraient-elles donc pas servir dans l'intérieur du corps soit pour les membres cachés, nerfs ou veines, soit pour les maladies elles-mêmes qui se collectent dans la chair et le sang de l'homme et se produisent partout, suivant des causes variées avec la marche du temps ? De même que les maladies et accidents sont variables, les cures et traitements qui leur sont opposés d'après la nature, le temps et le jour, sont différents.

Ce qui est contraire aux maladies, les métaux par exemple, est différent en des temps différents en raison directe de la préparation et de l'usage. Si je combats la lèpre par l'or, qu'est-ce qui m'empêcherait de chasser le mal avec de l'huile à base d'or appliquée sur la lèpre ? Si je frictionne avec de l'huile de *Mercure* pour guérir la syphilis, ce remède ne la guérira-t-il pas ? À cette différence près, toutefois, que le temps opportun sera observé et calculé avec soin, Sans cette précaution, en effet, toute lotion devient inutile. Et quoique j'eusse baigné [le malade] tout entier dans l'huile de *Mercure*, il faut encore ajouter, d'autres remèdes que les forces du *Mercure* contrarient en quelques cas ; sinon, non seulement l'observation du temps, mais tout le travail et l'opération de la friction seraient nuls, et le malade resouffrirait encore comme auparavant.

Il est absolument vrai que les astres supérieurs et leurs influences infligent aux hommes la plupart des maladies et les font pénétrer dans leur corps. Cependant, elles n'envahissent ni violemment, ni même sensiblement au point de les ressentir sur-le-champ, ainsi que la venue de l'épilepsie par un choc ou une peur ; mais on les gagne peu à peu, insensiblement, jusqu'à ce que le mal gagné prenne corps : telle l'huile qui, distillée goutte à goutte, ne devient sensible que lorsqu'elle est suffisamment amassée pour que le poids soit appréciable. C'est de la sorte que l'homme prend conscience de son mal, soit par la paralysie des membres, soit par le manque d'appétit, soit par l'aversion de tout breuvage, bref par n'importe quelle affection d'après la nature et le tempérament de chacun, selon la mise en action des astres par un long délai de temps, avec l'auxiliaire des autres accidents préparés par l'attraction de l'air.

PARACELSE.

Paracesle

Des Mystères des Signes du Zodiaque :

Étant la Cure Magnétique et Sympathique des Maladies, alors qu'elles sont attribuées sous les Douze Signes régissant les parties du Corps.

PREMIER TRAITÉ.

De la céphalée ou douleurs de tête.

Les douleurs de tête sont multiples; nous-mêmes, nous prenons les unes en mangeant ou buvant immodérément. Les autres prennent leur source dans les malignes exhalaisons ou vapeurs provenant des aliments mal cuits et montant de l'estomac au cerveau, etc. Nous les passerons sous silence et nous occuperons seulement des douleurs de tête les plus cruelles et les plus graves.

Contre le mal caduc ou épilepsie.

Il nous faut, dans cette maladie, observer avec attention si l'épileptique tombe en crise chaque mois, et aux mêmes jour et heure, et combien de fois; s'il tombe pendant un temps égal ou inégal, s'il titube quelque temps avant la chute, ou s'il s'abat comme une masse, tout d'un coup. Ces observations faites, cherches-en la raison: si c'est à des heures déterminées qu'il tombe, il ne le fera pas le moins du monde, tout d'un coup et en un moment; mais si cet événement se produit à des heures et à des moments indéterminés, il adviendra certainement le contraire, qu'il tombera subitement et d'un seul coup. Le premier genre d'Épilepsie est mortel, le malade est en danger surtout si la chute est précédée d'un peu de tremblement, comme s'il y avait pressentiment du mal. Mais l'Épilepsie qui abat d'un coup le malade n'est pas la plus mauvaise, c'est au contraire la plus guérissable. La première est naturelle, la seconde n'a rien de commun avec la nature, et ne détruit pas la complexion de tous. La première accable ou obscurcit l'esprit ou les sens ; non pas la seconde. Voici l'opération par laquelle on combat celle-là.

Tout d'abord, observe avec soin quels sont les jour et heure de la plus récente chute. Une fois cette observation notée, remarque, au sujet de cette heure, de quelle planète elle relève. Ces choses une fois connues, suppute l'année de naissance du malade, inscris et remarque bien si c'est un homme ou une femme. Enfin commence la cure, et chaque jour, au matin, fais-lui prendre la médecine suivante, savoir :

℞ D'Esprit de Vitriol . . . . Gouttes 5
De quintessence d'Antimoine . . . Gouttes 5
De quintessence de Perles . . . . . Gouttes 4

Jette ce mélange dans une tasse pleine de très bonne eau de roses, et fais en boire au malade, dans le paroxysme, à n'importe quel jour. Après l'absorption, tu auras 4 heures à toi. Qu'il emploi ce procédé pendant 29 jours ; pendant ce temps, tu feras la plaque de métal suivante :

℞ Or Pur et fin, ℨ β.

La *Lune* au 12° du *Cancer*, fais fondre dans un vase d'argile, et répands dans l'eau pure. Observe avec soin quand tombe au Ciel la conjonction des deux Planètes.

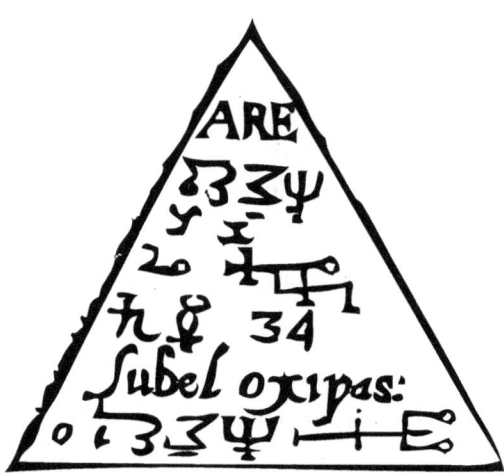

À cette heure, liquéfie l'or derechef; à la rencontre des deux Planètes, ajoute à l'or fondu dans un vase d'argile 3 β d'argent fin, de telle sorte que le lingot soit moitié or, moitié argent. Verse le métal en fusion et martèle la lamelle pour lui donner la largeur du travers de la main. Coupe-la tout autour pour la rendre triangulaire et lui donner la forme ci-après décrite. Puis fais rougir à blanc sur le feu, retire, et mets de côté jusqu'à ce que la *Lune* occupe le même signe et le même degré quelle occupait auparavant au moment de l'attaque du paroxysme. À cette heure-là, grave sur la lamelle d'or et d'argent les présents caractères, signes ou lettres en commençant par les lettres du haut. Tu te presseras d'achever cette opération à l'heure prévue, sans cela elle deviendrait inutile. Avant tous autres signes, tu graveras sur le milieu de la lamelle celui de la Planète qui régit l'heure pendant laquelle le paroxysme a lieu.

Cette figure fut dessinée pour *Jacob Seizen*, conseiller aulique du Prince de *Salzbourg*, lequel *Seizen* fut frappé à l'heure de ☿. Prépare tous les autres signes suivant leur disposition sur la figure. Si le malade est une femme, tu substitueras le signe :

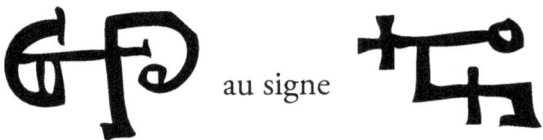

Il faudra mettre l'âge du malade. Le susdit *Jacob Seizen* avait en effet autant d'années qu'indique le chiffre dans le signe ci-dessus XXXIV. Tu graveras le nombre des années à n'importe quelle attaque ; de façon pourtant qu'à n'importe quelle attaque l'âge soit spécialement gravé.

La figure préparée de la susdite manière, tu raseras, après le paroxysme, des cheveux sur la tête d'après la grandeur de la lamelle ; dès que tu verras tomber le malade, tu lui feras boire la préparation secrète plus haut décrite. Tu le tiendras fortement, pendant qu'il est par terre, jusqu'à ce qu'il ait avalé ce remède, et lui imposeras sur la partie rasée de la tête la lamelle que tu as fabriquée ; tu feras en sorte que le côté de la gravure soit en contact avec la tête. Défais les liens et couche le malade. Après ce traitement, il ne tombera plus, même après un intervalle de trente ans. Le malade aura toujours cette lamelle sur la tête. Et si les cheveux repoussent, tu les raseras tous les mois au même endroit.

Figure pour la conservation de la vue.

Fabrique-toi un sceau rond, de plomb pur et de bon aloi, à l'heure de *Vénus* ♀, la *Lune* ☽ versant dans le signe du *Bélier*. À l'heure de *Vénus* tu graveras ce qui est décrit dans la figure ci-dessous. Puis, à l'heure de *Saturne* ♄, fabrique-toi une lamelle de cuivre, de même dimension que celle de plomb. Toujours à l'heure de *Saturne*, la *Lune* dans le *Capricorne*, tu graveras les signes suivants.

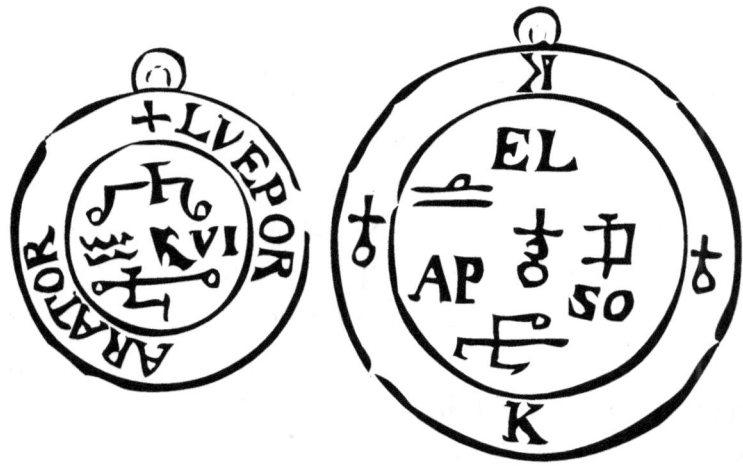

Ceci fait, laisse de côté les deux sceaux, jusqu'à ce que ♀ entre en conjonction avec ♄. Alors, à l'heure et au point de cette conjonction, réunis les deux signes de telle sorte que les caractères et figures se regardent. Recouvre-les de cire, pour les protéger de l'humidité. Couds le tout dans de la soie et suspends-le au cou à l'heure de *Mercure* ☿, un Mercredi. Ce signe fait recouvrer la vue qu'on a perdue, garde les yeux de toute douleur, donne aux vieillards la même vue que les jeunes gens.

Contre la consomption ou tabès et autres maladies du cerveau.

℞ *Les métaux suivants tous préalablement affinés :*
    Or . . . . ʒ β.
    Argent . . . . ʒ ii.
    Cuivre . . . . ʒ i.
    Étain. . . . . .ʒ iii.

Que tous soient fondus au moment de la nouvelle *Lune*. Répands, et de cette masse fais autant de pièces que tu voudras. Une fois en fusion, ne les remets pas de nouveau sur le feu. Si la planète ♃ tombe dans sa maison, les *Poissons*, grave sur un côté ces caractères ou signes, et sur l'autre écris les paroles que tu trouveras dans la figure suivante. Au bord de la pièce, fixe un anneau d'or pur lorsque la *Lune* sera à son déclin et soude-le afin qu'on puisse le suspendre. Peu importe l'heure de l'opération, pourvu que ce soit celle du *Soleil* ☉. C'est ainsi que, se prépare le sceau. Qu'il soit suspendu au cou du patient lorsque pointe la Nouvelle

Lune. Ce signe est très puissant contre les maladies de la tête et du cerveau : voir la figure ci-dessus.

Secret puissant contre la paralysie.

Voici un remède que je donne pour ceux qui ont déjà subi une atteinte de paralysie, afin de justifier mon Archidoxe. Il est, vraiment, très efficace dans toutes sortes de cas. Les anciens pensaient, en effet, mais à tort, que l'homme, une fois frappé d'apoplexie, devenait incurable, Ceux qui sont atteints de ce terrible mal suivront le traitement suivant :

℞ *Or fin,* ℥ ii. *Plomb,* ℥ ii.

Tous deux bien purifiés et affinés. Primo. Après le coucher du *Soleil* (à calculer d'après l'époque de l'année), fonds cet or dans un vase d'argile nouveau et préparé à cette fin. Ceci fait, jette le plomb dans l'or et répands d'un seul coup.

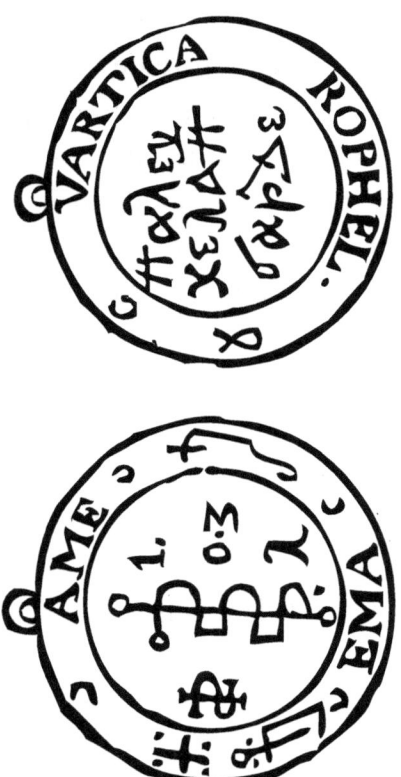

Le plomb, en effet, se joint à l'or immédiatement et au premier moment. Mets de côté ce lingot. Enfin, la *Lune* aux environs du 12ᵉ degré du signe du *Lion* ♌, refonds cet alliage de *Soleil* et de *Saturne* qui sera pareil à de l'airain de chaudière. Ajoutes-y ℨ iii de ♀, ne n'attarde pas longtemps, répands tout d'un coup et mets de côté. La *Lune* au 12ᵉ degré du *Scorpion* ♏, refonds le susdit alliage ; pendant la liquéfaction, jette ℨ iii de ♃, répands d'un seul coup et mets de côté. Répands de telle façon qu'il coule largement. Tu ne façonneras et ne couperas pas autrement le lingot.

À l'entrée du *Soleil* dans le signe du *Bélier* ♈, ce qui arrive chaque année environ dans le 10ᵉ jour de *Mars*, tu graveras dans la médaille fondue les signes tels qu'ils sont décrits plus loin. La gravure doit être commencée et terminée à l'heure susdite du ☉. Pas de différence quant au jour, pourvu que le ☉ soit dans le ♈, comme nous l'avons dit. Tu conserveras le signe préparé de la sorte. En cas d'apoplexie, tu chercheras avec soin le temps, le jour et l'heure de l'attaque et aux mêmes moment et heure du jour, tu suspendras ce sceau au cou du malade. Ceci est un grand mystère. Dans le même temps, tu traiteras le malade, non mortellement atteint, avec l'or potable [3] étudié par nous, etc.

Contre le calcul et sables des reins.

On prépare pour les calculeux avec de l'or, de l'argent, de l'étain et du plomb, un sceau de la manière suivante :

    ℞ *Or, Argent* . . . . ℨ iii.
    Étain. . . . . ℨ i.
    Plomb . . . . ℨ i. β.

---

[3] Cf. *Archidoxis liber Sextus*. T. II, pp. 23. Col. 2. *Aurum Potabile* quid sit. — Magisterii auri, etc, potabilis quæ præparatio.

PREMIER TRAITÉ

Jette tous ces métaux pêle-mêle dans un creuset neuf (comme ceux des orfèvres); fonds le jour de *Saturne* ♄, la dixième heure avant la méridienne; la *Lune* à l'ascendant, jette dans l'alliage en fusion du salpêtre mêlé avec du tartre, pour que ledit alliage puisse être plus promptement ductile et séparable. Tu couperas et poliras le lingot à l'heure ♂ du jour de *Vénus*, suivant la forme requise. Ne fais rien à la pièce pendant que tu la découperas. Tu n'y souderas ni anneau, ni oreillette, mais la façonneras en limant, pour ne pas la remettre de nouveau sur le feu, après la fusion. En conséquence, tu feras la masse plus large de telle sorte que l'oreillette et la pièce appartiennent au même morceau. Tu opéreras avec attention pour fondre dans ce but. De l'alliage des métaux, surtout plomb et étain, la matière sort particulièrement dure, âpre, impénétrable, difficilement séparable et ductile au marteau. Toute cette préparation accomplie, tu attendras la pleine *Lune*, cette planète arrivant au ciel au point même de la fraction. Tu commenceras alors à graver dans cette orbe les signes suivants, et pousseras cette opération de manière que tout soit gravé en une heure; sur une face, tu ajouteras la lettre *A*. Mets de côté et garde soigneusement cette pièce, jusqu'au jour de *Jupiter* où la *Lune* aura bon aspect avec quelqu'une des planètes suivantes, ♃, ♀, ou ☿. Ceci fait, sur le côté marqué *B* tu graveras à l'heure de ☿ les caractères suivants, tels qu'ils sont représentés. Suspends la médaille au cou du malade qui souffre de la Pierre, le jour et heure de ☽, lorsque la *Lune* est en décroissance. L'anneau qui tient le sceau suspendu doit être de fer. Si, pendant la nuit, l'on fait tremper ce sceau dans du vin, le malade pourra boire, le matin, de ce liquide ; il faudra cependant lui faire porter de nouveau le sceau. De cette façon on pourra fort efficacement broyer dans les reins le sable et tartre ; là aussi l'esprit de vitriol Romain est très efficace. Suit la forme des caractères du sceau.

Des parties génitales.

L'érection du pudendum est en quelque sorte une sympathie venue d'un souffle épais qui étend le corps comme un spasme. Diverses causes empêchent cette appétence et ce prurit. Il y en a de naturelles : si, en effet, quelqu'un perdait sa virilité à la suite d'une cause naturelle, nous userions du remède suivant. Sur un parchemin récemment préparé, écris les signes et mots suivants et attache-les autour du pénis ou des testicules.

A v G A L I R I O R ⁓λιχιϐλφιλ וככן

⚿🙰 A M ⟨signes magiques⟩

Tu changeras cette membrane tous les jours, et cela pendant neuf jours, le matin avant le lever du *Soleil*. Tu rouleras ladite membrane à l'endroit qui se découvre quand le prépuce est quelque peu rétracté. Tu le laisseras jour et nuit, le changeras avant l'aurore et brûleras l'ancienne que tu auras enlevée ; tu en boiras la cendre dans une gorgée de vin chaud. Ce remède est à la fois puissant et économique. Celui qui redoute ce mal pour lui-même peut porter au cou ces signes et paroles gravés sur une lame d'argent ; dans ce cas, la gravure doit en être faite avant le lever du *Soleil*. Tu pourras faire avec de l'or la préparation de la lamelle et la gravure des signes : C'est un spécifique certain.

Des prestiges et des bénéfices, fruits de la méchanceté et de l'art d'hommes pervers, ont-ils aboli la virilité ? Un fer à cheval trouvé dans la rue te servira à faire une fourche de fer à trois pointes, le jour de ♄, à l'heure même de *Saturne* ♄, suivant ce modèle :

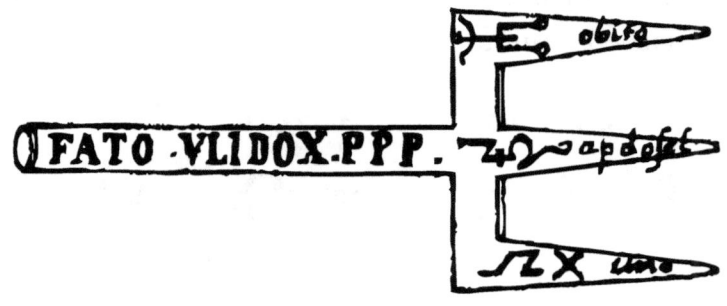

Sur les pointes de cette fourche tu graveras ces trois sortes de caractères et de paroles, le jour du *Soleil*, le matin avant le lever de cet astre, et sur la poignée, ses caractères propres. Cela fait, tu planteras cette fourche dans un cours d'eau, de telle façon que la poignée ne sorte de nulle part et qu'on ne puisse la trouver facilement. De la sorte, tu seras libéré au bout de neuf jours, et celui qui t'a fait souffrir se verra frappé d'un autre mal qui ne le quittera pas de sitôt. Ainsi c'est évidemment par la nature qu'il faut s'opposer à ces artifices diaboliques, de même que le Christ repoussa le Diable dans le Désert par une citation de l'Écriture, etc.

Comment assurer une longue vie au cheval.

D'aucuns me soupçonneront peut-être d'user de prestiges ou autres semblables œuvres magiques. Déjà une fois, j'ai positivement affirmé que je n'avais jamais rien écrit qui ne pût être expliqué par la Nature, par les vertus célestes et leurs influences, et dont nous n'ayons fait nous-même l'expérience. Nous redisons en ce moment la même chose. Si tu fais pour ton cheval un mors en peau de lion et que tu y écrives, en temps opportun, ces mots et caractères, tu verras alors ton cheval plus vivace et plus endurant non seulement que les autres chevaux, mais encore que l'homme même, et sa force ne lui manquera pas comme à ses congénères. Tu pourras te servir, pour ton usage habituel, de l'animal fortifié par la puissance de ce frein pendant trente ou quarante ans et plus en sus de l'âge moyen des chevaux. Que ton frein soit fait de telle sorte qu'il puisse s'appliquer en guise de muselière, afin de demeurer en place si tu écartes le mors, etc. Ce frein doit être fait avec de la peau de lion. Le corroyeur tannera ladite peau à l'heure de *Jupiter*. Le cuir une fois préparé par le corroyeur, le sellier coupera la bride à l'heure du ☉. Il préparera le frein quand il voudra. Quand le frein sera fabriqué, tu attacheras à l'heure de *Mercure* ☿, des lames d'étain, préparées comme il suit :

⊖ ♑ ♈ S. U. R. Q. L. R. E.

E ⊋ V

Et tu coudras ces lames aux parties capitales du frein. Les lames suivantes devront être fabriqués de Cuivre à l'heure de ☽, de façon qu'elles se trouvent à la partie antérieure du front et dans la région du nez.

✠   ♃ ♃ φ. λ. γ. π. ϖ.   S E L E.

Ces lames nombreuses devront être faites d'argent à l'heure de ♃ et attaché au frein à l'heure de ♃.

4⟩ · Z. ʃʃ   A. K. R. X. X. X. X. X.

⟩ A₀ Δ⟩

Les mors suivants devront être fabriqués avec de l'or, à l'heure de ♂. Passe ce frein à ton cheval, à l'heure ♀ : tu verras alors combien la nature peut apporter d'aide, par l'intermédiaire des signes, des caractères et des paroles, si tu agis en temps opportun.

Onguent vulnéraire.

La sympathie ou harmonie des choses est cause de beaucoup d'événements. Nous avons expérimenté la vérité de cet axiome avec l'*Usnea*[4] trouvée dans un crâne humain abandonné quelque temps sous le ciel. Avec ladite *Usnea* on composera le remède suivant :

℞ *Usnea,* ℨ ii. *Graisse humaine,* ℨ ii. *Mumia*[5] *et Sang humain,* chacun ℨ β. *Huile de lin,* ℨ ii. *Huile de rose et Bol Arménien,* chacun ℨ i.

Broie tout cela dans un mortier jusqu'à consistance d'onguent, et tu l'enfermeras dans une boîte de bois. Si on te présente une blessure, enduis un morceau de bois du sang de la plaie, plante ce bois sanglant dans

---

4 Usnée, sorte de lichen ; croît — en général — sur les arbres (NDT). *Usnea,* en lat. du moyen âge, de l'arabe *ashnah,* mousse. Terme de botanique. Genre de lichens. L'usnée humaine était une sorte de mousse verdâtre que les anciennes pharmacologies mentionnent et que l'on recueillait sur des crânes humains longtemps exposés à l'air, particulièrement sur ceux des pendus, et à laquelle on supposait des propriétés miraculeuses (NDE).

5 Mumia, plante sauvage qu'on trouve dans les sépulcres des gens embaumés, dans lesquels l'humeur des cadavres s'est dissoute avec l'aloès et la myrrhe dont on s'est servi pour apprêter les corps. Elle ressemble à de la poix marine (Ducange).

l'onguent, après que le sang aura séché d'abord sur le bois. Tous les matins, entoure la blessure d'une bandelette nouvelle, auparavant trempe dans l'urine du blessé. Quelque grande que soit ladite blessure, elle sera guérie, sans emplâtre, sans aucune douleur. De cette manière, tu pourras guérir des gens à vingt milles de toi, à condition que tu puisses te procurer une certaine quantités de sang du malade. L'on peut appliquer ce même remède à d'autres maladies, telles que maux de dents, etc. N'importe quelle douleur sera guérie, si tu plantes et laisses le bois sanglant dans cette pommade. Si un clou trop profondément enfoncé blesse un cheval, mets dans l'onguent le bois teint de son sang ; le cheval n'aura plus aucune douleur. Tout cela, à coup sûr, est miracle et don divin.

Onguent des armes.

Par ce même moyen, tu peux aussi préparer un onguent qui, sans douleur, guérira toute blessure, si tu enduis de cet onguent les armes qui auront blessé quelqu'un. L'onguent est le même que celui ci-dessus ; tu y ajouteras ℥ i. de *miel* et ℥ i. de *graisse de taureau*. Comme on n'a pas toujours les armes sous la main, la cure par le bois est excellente.

Contre la goutte aux pieds.

℞ *Mumia, Mastic, Myrrhe rouge, Oliban, Ammoniaque, Opoponax, Bdellium,* chaque ʒ ii. *Vitriol,* ℔ ii. *Miel,* ℔ ii. *Tartre,* ʒ i.β. *Eau-de-vie* ℔ 3/4.

De toutes ces choses distillées compose une huile. Ensuite, prendre de petites mouches, tel qu'on en retrouve dans les carcasses de chevaux morts, et en faire une huile. Avec cette huile de mouches de chevaux, y mélanger ʒ ii. avec ʒ iv. de l'autre huile. Ces deux huiles bien mêlées ensemble, les distiller encore et conserver cette dernière huile distillée.

En outre, fabrique les caractères suivants :

℞ *Or fin, Argent pur, Limaille de fer,* chacun ʒ i. *Plomb,* ʒ ii.

Liquéfie ensemble ces métaux à l'heure de la Nouvelle Lune. Que le feu soit fort pour que la limaille de fer puisse, dans sa fusion, se mêler aux autres métaux : en effet, elle fond lentement. En conséquence, on la mélangera avec un œil — comme on dit — de Borax [6], pour la

---

6 Arabe, *bôrac*, du persan *bourah*. Sous-borate de soude (NDE).

faire plus rapidement couler. Une fois le tout en fusion, répands le métal liquide sur une pierre large, pour que la lamelle soit moins épaisse. Elle ne se laisse pas facilement battre, car la limaille de fer la rend peu ductile. Ensuite, à l'heure précise où ♄ est en conjonction avec ♂, grave et termine les mots, signes ou caractères. Des pièces qui suivent, il en est deux dont un côté seulement sera gravé et marqué, comme suit :

Si tu as marqué et achevé, pendant l'heure de la conjonction de ♄ et de ♂, les deux pièces susdites, mets-les de côté, séparées l'une de l'autre, afin qu'elles n'aient aucun contact entre elles.

Ensuite, fais un mince sceau d'or pur et fin, lorsque *Vénus* ♀ est en conjonction avec *Saturne* ♄ ou *Mars* ♂, grave ces caractères, signes ou noms sur le sceau. Si tu rapproches les sceaux, prends-y bien garde qu'il y est une conjonction de *Vénus* ♀ et *Saturne* ♄.

Applique la pièce marquée *2*, sur la face ou pièce du sceau supérieur qui possède l'image d'un homme et qui est marqué du chiffre *4*. Mais si ♀ est en conjonction avec ♂, applique le côté de la pièce marquée plus bas *2*, sur celle marquée *5*. Et lorsque la *Lune* sera dans le 6e degré du *Cancer* ♋, place les trois médailles susdites dans l'ordre et les unes contre les autres, de telle façon que la pièce d'or soit au milieu, et tourne-les dans l'ordre indiqué. Ensuite perce les trois pièces par le milieu et suspends-les au cou du patient réunies, conglutinées si je puis dire par un fil de fer qui les traversera. Étends sur ses membres de l'huile susdite. Tu verras, par la suite, des opérations de la nature très remarquables, voire sur des sexagénaires. Suit la forme de la pièce d'Or.

Onguent sympathique contre la goutte.

Si tu as tiré du sang ou posé des ventouses à tout sujet atteint de cette maladie, garde ce sang, à son insu ; qu'il en ignore la destination. Distille ce sang sur un feu doux ou dans un bain-marie, environ par trois fois.

> *Eau susdite* ℨ vii. Ajouter : *Huile rosat, Savon vénitien finement liquéfié, Graisse humaine, Graisse d'ours, Suc de la grande joubarbe,* chacun ℨ i. *Moelle de taureau* ℨ β.

Mets pêle-mêle toutes ces substances dans un chaudron de cuivre ; soumets-les à une cuisson lente jusqu'à ce que le mélange ait atteint la consistance de la bouillie ; agite sans cesse avec une spatule de bois. Lorsqu'elle aura atteint la consistance d'onguent, la cuisson sera suffisante. Puis, une fois par semaine, la *Lune* en ascendant, scarifie la plante des pieds du malade, à l'endroit atteint de la goutte, et en un lieu chaud étends ton onguent sur les scarifications. Au bout de sept semaines, la goutte aura disparu. La force de cette pommade est en raison directe de sa vieillesse. Elle gardera pendant dix ans son efficacité, pourvu qu'elle soit au frais.

Contre la paralysie ou contracture.

Le remède de cette maladie est *l'huile de soufre,* ce qui n'est pas à mépriser. Tu le prépareras ainsi :

℞ Soufre pulvérisé très finement quant. ℔ xv. Mets dans un vase d'argile sur lequel tu placeras un alambic de verre, et sublime. Place dans une pièce humide, à fin de dissolution, tout le soufre qui montera et restera dans l'alambic. Il en résultera qu'au bout de quelque temps, il tournera en huile, puis tu prépareras la composition suivante :

> ℞ *Huile de soufre* ℥ ii. *Savon Hongrois* ℥ iii. *Eau-de-vie* ℥ v. *Huile d'olive, huile de Rosat,* chacun ℥ i.

Opère la cuisson de toutes ces substances comme précédemment pour l'onguent de la goutte. Veille à ce qu'il ne s'enflamme pas : Il prend en effet rapidement feu dans un bain sec, étends cette pommade sur les membres, trente jours de suite. Cela convient surtout aux membres inertes.

Sceau contre la paralysie.

Or, du poids de la pièce d'or Hongroise. Qu'il soit pur, vierge de toutes scories, et passé trois fois par l'antimoine. Ajoute quelque peu de Borax, et fonds, la *Lune* dans le 19ᵉ ou 20ᵉ degré du *Capricorne* ♑. Une fois ce mélange liquéfié, jette à la même heure 30 grains de limaille de cuivre et répands. Mets de côté jusqu'à ce que la ☽ soit dans le même degré du *Scorpion* ♏ ; fonds et jette 30 grains de limaille de fer. Répands encore et mets de côté jusqu'à ce que la ☽ entre dans le ♌. Puis lamine et achève jusqu'aux signes qui doivent être gravés. Fais cela à l'heure de ♃. Ici, inutile de faire attention à la ☽, tant qu'il ne s'agit pas de suspendre le sceau.

À l'heure de ♃, grave les signes sur les deux côtés de la médaille comme suit. Tu porteras sur toi ce sceau roulé ou cousu dans du lin ; mais qu'il ne soit en contact avec aucun objet. Il faut le suspendre au jour et à l'heure de ♃ en ☽ croissante.

Pour les menstrues des femmes.

C'est une grave incommodité que celle qui attaque le sexe des femmes et surtout à un certain âge. Celles-là sont plus saines et plus fortes, qui à certaines époques, manquent ou abondent en menstrues. Il y a deux manières de les guérir : d'abord forcer l'écoulement immodéré des menstrues à s'arrêter et à reprendre son cours normal, puis de pousser et provoquer les menstrues absentes. Mais il ne faut pas agir contre la nature : cela entraînerait des conséquences mortelles.

D'abord, pour faire venir les mois en retard, fabrique soigneusement, à l'heure de *Vénus* ♀, un sceau de cuivre pur et sans alliage ; nous en démontrerons bientôt la raison. Si tu ne peux le faire en une heure, laisse-le jusqu'au retour de cette heure. Achève alors l'œuvre commencée. Voici la forme du sceau.

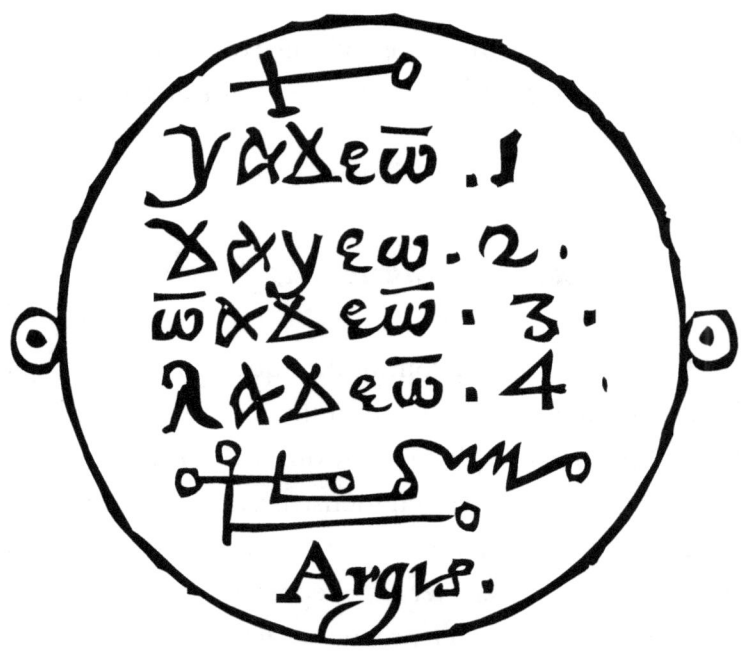

Ce sceau doit être fait d'une seule pièce. La femme le portera suspendu par un fil qui transpercera les deux oreilles, de façon que la médaille soit fixée dans le dos contre le sacrum, au bout de l'épine dorsale. Les caractères doivent être tournés contre le corps. Il faut le faire à l'heure de la *Lune* ☽, celle-ci à son déclin ou déjà disparue.

Si les mois coulent plus immodérement que la nature ne le comporte, grave à l'heure du *Soleil* ☉ ces caractères sur de l'argent pur :

La femme portera cette pièce non à même la peau, mais roulée dans de la soie et attachée sur le nombril, de telle sorte que le côté marqué *10* regarde le corps. Si le flux tarde encore, elle portera le sceau pendant trente jours et le retirera ensuite. Si elle le portait constamment, le flux serait continuel et, dans ce cas, ce serait pis qu'auparavant.

Contre la lèpre.

Les présents remèdes sont d'un faible secours à ceux qui sont lépreux de naissance, mais nous en avons d'autres efficaces. La lèpre — c'est une vérité reconnue — peut être atténuée, mais non guérie radicalement dans le sang, par une potion dans laquelle on a jeté de l'or. En voici la cause : Tout homme sain porte en lui un baume particulier. Le lépreux n'en a pas, il s'en suit qu'il n'est pas sain ; aucun membre glacé n'a de baume en lui. Le lépreux ne sent même pas la force de l'or descendre dans le ventricule[7]. Si celui-ci distribue par la suite de l'or dans les membres, une certaine humeur (rendue par l'or ou répandue hors de lui-même) en résulte semblable au susdit baume.

C'est pourquoi l'action et la marche de la lèpre sont arrêtées jusqu'à épuisement de la force de l'or. Les médecins ne peuvent distinguer la lèpre si le malade, trois jours avant la consultation ou visite, a pris de l'or. Ici nous parlons non des lépreux absolus, mais de ceux dont l'atteinte est mal définie. Dans ce cas-là, il y a un remède fort efficace dans l'emploi simultané des remèdes et du sceau.

---

7   Estomac.

Le sceau se fait un peu grand, d'or pur et fin manufacturé à l'heure de ♄. Les caractères seront gravés à l'heure du ☉, lorsque la ☽ est dans le ♌ et que le ☉ dans le même signe, ce qui arrive au mois de juillet.

Tu suspendras ce sceau au cou du lépreux, à l'heure de ♀ et la ☽ en ascendant. On peut le mettre à tremper dans une boisson et l'administrer, puis le suspendre de nouveau. Tous les ans, il faut le refaire au mois de juillet. Sa force disparaît chaque année, ce qui permet à la lèpre de travailler à son aise dans le corps humain qu'elle a une fois attaqué et dont elle s'est emparée.

Contre le vertige.

Ceux qui sont atteints de vertige voient le ciel et la terre tourner autour d'eux. D'autres voient voleter devant leurs yeux des mouches et des fumées. Ceux qui souffrent de pareils symptômes sont prédisposés à l'Épilepsie ou à l'Apoplexie. C'est une perversion du cerveau qui, par une vapeur épaisse de l'estomac redescendant par le nerf optique de la tête dans l'estomac et remontant dans la tête, obscurcit les esprits tant des yeux que des autres sens. Contre cette affection-là, fais un sceau de la façon suivante.

À l'heure de *Mars* ♂, au jour de *Jupiter* ♃, la *Lune* ☽ dans le *Bélier* (il n'est pas d'aspect de *Mars* plus favorable et, à ce moment, aucune planète n'est en mauvais aspect avec *Mars*), donc à l'heure susdite :

Prendre de ☉ ʒ β. du ♂ ʒ ii. de ☽ ʒ v.

Fonds ensemble ces trois métaux, purs et choisis. Après la fusion, bats-les au marteau jusqu'à les réduire en lamelle mince : tu ajouteras une oreille ou petit anneau. Ensuite, lorsque la *Lune* ☽ sera dans le 12° du *Taureau*, grave sur ce sceau les signes suivants et appends-le à l'heure de la Pleine *Lune*, au moment précis de la mutation.

Tout en portant ce sceau, tu pourras même y adjoindre ce remède.

℞ *Origan* . . . . 4 *grains*.
Corne-de-Licornes . . . 2 *grains*.
Musc . . . . 1 *grain*.
Esprit de vitriol . . . . 6 *grains*.

Fais prendre ce médicament avec une cuiller d'argent, vers trois heures du matin, pendant treize jours, de telle façon que le malade ait toujours une heure pour se reposer.

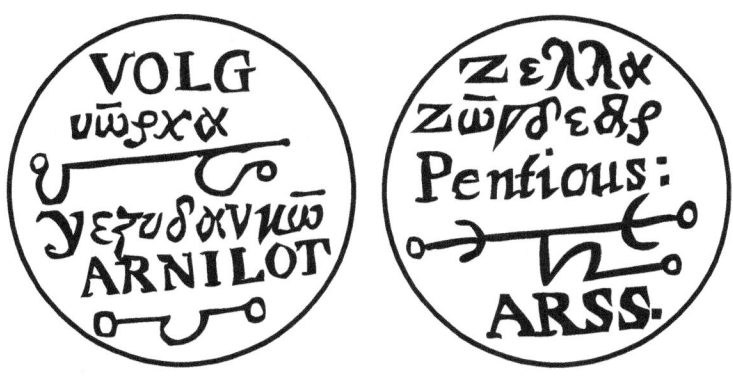

Contre le spasme.

Fais une mixture d'Or, d'Argent, de Cuivre et de Fer que tu développeras au marteau en long et en large. Puis fais un sceau lorsque le *Soleil* sera sous la Terre, à l'heure de *Saturne*. Et à l'heure de *Jupiter*, grave les symboles et les signes avec les mots à l'heure du *Soleil*; et applique-les à l'heure du *Soleil* lorsqu'il sera sous la Terre, couché.

Fais aussi un anneau avec les métaux susdits, graves-y les signes suivants et passe-le immédiatement après au doigt auriculaire gauche. Il faut faire tout cela aux temps, heure et jour susdits.

Contre les palpitations du cœur.

Le cœur de l'homme bat quelquefois fort apparemment. Nous nommons cela palpitation du cœur. Cette maladie est fréquente chez les grands et chez les princes : elle atteint difficilement les gens du peuple. Cela prouve à l'évidence que, par sa providence admirable, Dieu a donné à chaque classe ses maux et ses souffrances particulières et n'a eu de considération pour personne en l'épargnant. Cette maladie est loin d'être légère. Lorsqu'elle attaque les racines de la vie, non seulement elle torture le malade par de fréquentes syncopes, mais à la fin le tue complètement. Elle a son siège dans le filet qui enveloppe le cœur [8]. Pour y remédier, tu étudieras le temps et préparera un sceau de la sorte.

Primo au jour et heure de la ☽, prendre ☽ ♊ β. Jette dans un creuset d'argile et laisse jusqu'au moment de l'heure du *Soleil* ☉, à savoir à quatre heures dans l'ordre

---

8 Péricarde.

des heures mobiles. À ce moment, mets ledit argent sur le feu et liquéfie. Dans le métal liquéfié jette 2 onces d'or bon et fin, presse le tout ensemble, ne répands pas. Laisse les refroidir ensemble jusqu'à l'heure de *Vénus*. Puis liquéfie de nouveau et jette ꝛ ii. de Cuivre pur. Cela fait, répands, bats le lingot très mince, et prépare-le à recevoir les signes. Attends un bon aspect de la *Lune* ☽ et de *Vénus* ♀. Sous cet aspect, grave après les deux premiers signes le mot *pannositam* et rien d'autre. Grave-les d'après la forme prescrite.

Ensuite, au moment de la *Lune* nouvelle, grave au-dessous les trois signes inférieurs suivants, de telle façon que les deux supérieurs les surmontent.

La nouvelle *Lune* passée, laisse de côté jusqu'à la pleine *Lune* suivante. Enfin, et de nouveau à la nouvelle *Lune*, au-dessus de tous ces signes, grave du même côté les paroles que tu trouveras sur la figure ci-après. Ceci fait, attends le passage du *Soleil* ☉ dans le *Lion* pendant la première entrée du *Soleil* ☉, grave de l'autre côté ces caractères et signes. Il faut que toutes ces opérations soient entreprises et achevées dans l'heure dite. Tu suspendras ce sceau préparé et achevé à la poitrine mise à nu du malade, à l'heure et au point de changement de la pleine *Lune*. Il est contre cette palpitation de cœur un arcane très puissant, ainsi que notre or potable, et la quintessence de perles préparée selon notre formule.

Préparation d'huile de corail et de succin[9] contre les palpitations du cœur.

℞ *Corail,* ℔ i. *Sel commun, manip.* 3.

Broyer ensemble et réduire en poudre très fine. Mettre ensuite dans un alambic et recouvrir de pâte suivante : Prendre de la Boue commune ou Argile, . cendre provenant des os de la tête de quadrupèdes, Limaille de fer, Verre réduit en poudre, Sel commun, Céruse, le tout arrosé ensemble. Ensuite, place le verre enduit d'argile dans une *capella* [10] (comme on dit) remplie de sable, soumets à un feu lent. Ensuite soutiens-le graduellement jusqu'à ce que les esprits et les radiations montent dans le récipient. Pousse le feu pour faire évaporer toute l'eau. Cette huile de coraux est un remède admirable pour les palpitations de cœur, si elle est employée seule sans adjuvant.

---

9   Ambre jaune.
10 Chapelle : Sorte.

Un appendice concernant la fracture des os.

De quelque façon que les os soient brisés, contus ou broyés, — ceux-ci étant variablement affectés — enduis-les de l'onguent suivant, une fois joints de nouveau et unis. Et de la sorte tous les fragments seront de nouveau complètement consolidés.

    ℞ Miel . . . . ℥ ii.
    Antimoine, Huile de vitriol . . . . . . ℥ ii.
    Graisse de blaireau, Suif de cerf,
    Graisse d'ours et Savon, chacun . . . . ℥ i.
    Térébenthine . . . . ℥ i. β.
    Cire . . . . ℥ ii.

Cet onguent guérit admirablement si, dans un lieu chaud, c'est une main chaude qui l'étend, afin de le faire pénétrer.

Fin du Premier Traité.

LE SECOND

TRAITÉ
des

Médecines Célestes,
Comprenant,
Les Mystères des Signes du Zodiaque.

Bélier.

LE mouvement du ciel s'accomplit circulairement d'après les douze signes qui forment autour du ciel une ceinture comme un cercle entourant un corps ; cette ceinture, cette sorte de voie, nous l'appelons Zodiaque[11]. Le premier signe est le *Bélier*; onze autres le suivent dans l'ordre suivant: les voici:

♈ Bélier.	♌ Lion.	♐ Sagittaire.
♉ Taureau.	♍ Vierge.	♑ Capricorne.
♊ Gémeaux.	♎ Balance.	♒ Verseau.
♋ Cancer.	♏ Scorpion.	♓ Poissons.

On fabrique le sceau du ♈ avec les métaux suivant:

℞ ♂ 3 β. ☉ 3 ii. ☽ 3 i. ♀ 3 β.

Ces quatre métaux doivent être fondus ensemble au jour, heure et moment précis où le *Soleil* entre dans le premier degré du *Bélier* — pour la plupart, cela arrive le dix *Mars*, ou aux alentours — au point d'entrée du *Soleil*; il faut opérer la fusion avec un feu puissant et fort. Il est nécessaire que les métaux soient réduits en limaille, autrement leur liquéfaction s'opérerait moins bien. Toutes les matières fondues et préparées, le jour de ♂, la ☽ dans le signe du *Bélier* (ce qui n'arrive qu'une fois chaque mois) aux environs du neuvième ou dixième degré du *Bélier*, il faut graver et achever ce sceau dans la

---

11   Cfr. Agrippa. Opera. Lugduni per Beringos Fratres, t. I. *De occulta philosophia*, lib. secund., p. 159 à 162. Le lecteur y trouvera nombre de rapports en concordance avec ceux indiqués par Paracelse.

même heure, et le suspendre enfin quand *Mars* se trouve la neuvième maison céleste, ou la huitième ciel. Ce sont les sceaux et caractères ci-dessus.

Ce sceau est un remède assuré contre tous écoulements descendant de la tête sur la nuque et les épaules. Son effet est de purger le cerveau et de dessécher entièrement son phlegme. On obtient ces résultats en le portant jour et nuit en contact avec la tête, le signe du *Bélier* tourné au-dessous du cerveau.

Taureau.

Ce sceau se fabrique avec les métaux ci-après indiqués :

℞ ♀ ℨ i.   ♃ ℨ i.   ♂ ℨ β.   ☉ ℨ ii.

Ces métaux doivent être réunis et liquéfiés ensemble, à l'entrée du *Soleil* dans le *Taureau*, chaque année aux environs du 8ᵉ d'avril. Il faut le faire directement à l'entrée du *Soleil* dans ce signe. Au même instant, il faut avoir commencé, gravé et entièrement achevé ce sceau. Autrement il serait sans efficacité. La *Lune* dans le 10ᵉ du *Taureau*, c'est l'heure de suspendre ce sceau.

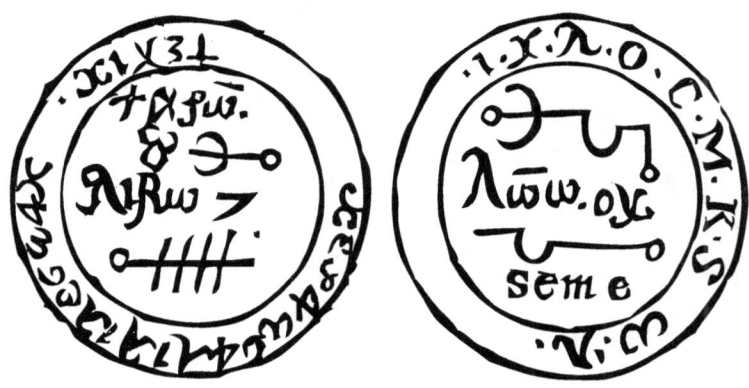

Il faut fabriquer des matrices de fer semblables à celles dont on se sert pour frapper les monnaies. Sur ces matrices seront gravés les signes qui conviennent : c'est afin que, de suite après la fonte du sceau, en quelque sorte sur le moment, l'on puisse imprimer les caractères ci-dessous prescrits. De la sorte, l'œuvre avance plus vite. On peut faire de même pour les autres sceaux. Les heures, en effet, coulent quelquefois trop rapidement pour pouvoir préparer les sceaux. D'où résulte un grave inconvénient : il faut tenir compte que le moment précis est d'une très grande efficacité en ces matières.

Par sa nature et sa propriété, ce sceau est un remède efficace pour ceux qui se sont vu enlever la virilité.

Suspendu de manière à toucher le nombril et à faire toucher le corps et la peau au signe du *Taureau*, il est d'une aide assurée tant aux hommes qu'aux femmes.

Gémeaux.

Le sceau des Gémeaux doit se préparer avec les métaux :

R Or et Argent, de chacun 3 i.

Au travers du sceau, il faut passer un roseau court de la dimension d'une plume d'écrivain. Voici comment il faut qu'il passe : les figures de la pièce dans le sens vertical, on y passera le roseau que l'on obturera de l'autre côté par du mastic et que l'on emplira de *Mercure* vif avant d'obturer l'orifice supérieur. Il faut d'abord faire cela, une fois la mise en œuvre de la pièce. L'or et l'argent susdits seront liquéfiés ensemble, à l'entrée du *Soleil* dans le signe des *Gémeaux*, suivant l'année pour, vers le 10e ou 11e de mai, date qui peut varier. On fera donc attention à la condition astrologique de l'année, pour l'exécuter efficacement. Tu graveras les signes et les caractères suivants, quand la *Lune* traversera le signe du *Lion* ou des *Poissons*. Cependant, le sceau une fois complété devra être appliqué lorsque *Mercure* sera dans la première maison du ciel; le même ciel se présentant clair, pur, limpide. Quand on le portera, le signe des *Gémeaux* sera tourné du côté du corps contre la peau. Le *Mercure* devra être versé dans le roseau le jour ☿, à l'heure du même, la *Lune* en décours.

Le reste apparaît dans un exemple Allemand, car même la puissance et la vertu de ce sceau, pourquoi il est fabriqué : mais qui ne serait être discuté ici, avant peut-être quelques exemples pour le démontrer mais nous n'en ferons rien. Entre temps, si quelqu'un désire ardemment découvrir la puissance et la vertu de ce dernier et qu'il ne peut en faire autrement, qu'il recherche les auteurs les plus reconnus en Astronomie, quelles sont les vertus du *Gémeaux*, à produire Maladies et autres choses : Et puis finalement, en juger par les procédés et les signes ci expliqués.

Cancer.

Ce sceau se fabrique, avec le plus pur argent, choisi et fin, de la grandeur que tu voudras, à l'heure de l'entrée du *Soleil* dans le signe du *Cancer*. Cela arrive vers le 10e ou 11e de juin. S'il ne tombe aucun mauvais aspect entre la *Lune* et les autres Planètes, tu graveras ce signe à l'heure de la *Lune*. Il faut le faire en ascendance de la *Lune*, et la même heure doit en voir le commencement et la fin. Autrement cela serait inutile.

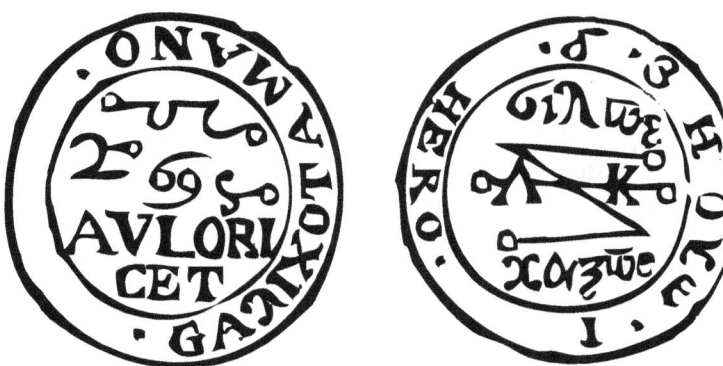

Tu suspendras ce signe, à l'heure de la *Lune* en décours, le jour de la *Lune*. Il le faut conserver et porter proprement. C'est pour le pèlerin un fidèle compagnon, un sûr remède pour l'hydropique. Il sert dans toutes les affections du corps causées par l'excès des humeurs et du phlegme.

Lion.

Le sceau du *Lion* se fait d'or pur et fin pendant le seul mois de juillet, quand le *Soleil* entre dans sa propre maison, à savoir celle du *Lion* et vers le 13e ou 14e du dit mois : il convient toutefois de le fondre dans le premier degré dudit signe et dans la même heure. Puis, la planète *Jupiter* étant dans sa propre maison, à savoir dans les *Poissons*, ces figures doivent être gravées d'un seul côté. Mais, dans ce cas, la signature de l'autre côté doit être faite, la *Lune* versant dans la maison de ♃, savoir les *Poissons*. Il convient d'y veiller avec soin afin de ne pas remettre de nouveau au feu le sceau après la fusion. Autrement les opérations et le travail seront inutiles.

L'autre côté doit être marqué de la manière prescrite sur la figure. On suspendra ce sceau au cou, à l'heure et au jour du *Soleil*. Il donne à celui qui le porte une force admirable dans tous les jugements, et lui concilie la faveur et la grâce tant des hommes que des femmes. C'est un singulier secours contre les fièvres quartes. On peut aussi prendre de la boisson versée sur lui ; elle fait œuvre admirable contre la peste, surtout contre celle qui tue par une marche interne. Il sert aussi pour l'inflammation des yeux et des autres ardeurs du corps que nos excès et nos inconstances ont coutume de provoquer. Dans les cas de brûlures, le sceau doit être imposé contre la partie douloureuse, et son aide admirable chassera la douleur ; c'est ainsi que nous avons guéri la brûlure de l'épouse de M. *Nicolas Barber,* notre compatriote, à *Villach* en *Transilvanie*. Des matières métalliques en ébullition l'avaient brûlée ; nous n'avons utilisé aucun autre remède, et nous avons agi de telle sorte que le lieu affecté n'a subi aucune inflammation ni suppuration. Ajoutons qu'elle a porté ce sceau jusqu'à la fin de sa convalescence.

Vierge.

Le sceau de la *Vierge* se prépare avec du ♀ ʒ j. de ☉ ʒ β. de ☽ ʒ ii. de ♃ ʒ β.

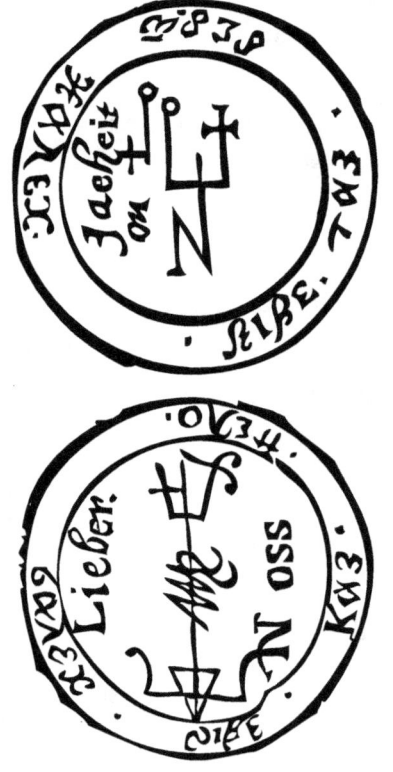

Ces métaux sont à fondre un dimanche aux alentours du 13ᵉ ou 14ᵉ jour d'août à l'entrée du *Soleil* dans le signe de la *Vierge*. Après la fusion, ils sont à battre au marteau en lame mince à l'heure de *Mercure*, lorsque *Mercure* sera en bon aspect avec les autres Planètes ; de plus, ce soit son heure selon l'indice des heures inégales des Planètes dans le ciel, tu graveras sur le sceau susdit ces figures et ces noms, de telle façon que cela soit achevé dans la même heure.

La planète *Mercure* dans la première maison du ciel, par un temps agréable, pur et clair pour qu'elle ait toute sa force (c'est en effet préférable), tu suspendras ce sceau. Pour le suspendre, il faudra attendre l'heure de *Mercure*, pourvu que le mouvement du ciel le place dans sa première maison. Sinon il n'y a aucun autre moment favorable à la même heure. Il serait plus avantageux de faire coïncider sa suspension avec l'heure de *Mercure*.

Balance.

Voici la formule de la *Balance*, figures et sceaux. On fond et on coule du ♀ pur et choisi, à l'heure où le *Soleil* entre dans la *Balance*. Cette entrée du *Soleil* dans la *Balance* a lieu au mois de septembre, le 13ᵉ ou 14ᵉ jour après le commencement de l'année. Mais faire attention : si *Vénus* est cette année-là maître ou réservateur, la force admirable de ce sceau sera décuplée pour ceux qui le portent gravé et préparé comme ci-dessus (surtout s'ils sont sujets de *Vénus*). Lorsque ♀ entre dans le signe de la *Balance*, les caractères, mots et signes doivent être gravés en un sceau et suspendus à l'heure de *Vénus* vers la 1ʳᵉ ou 8ᵉ heure du même jour.

Ce sceau est un Remède fort efficace contre toutes incantations féminines qui enlèvent aux hommes leur virilité et spécifiquement envers ceux qu'elles détestent. Il sert même contre toutes maladies des parties honteuses, etc.

Scorpion.

Le sceau du *Scorpion* se fait de fer pur à l'heure et au jour de *Mars*, lorsque le *Soleil* entre dans le *Scorpion*; ce qui se produit environs le 12ᵉ, 13ᵉ ou 14ᵉ jour d'octobre. Et à cette même heure, il faudra graver l'une des faces du sceau avec ses symboles correspondants. Puis, lorsque le *Soleil* sera entré dans le *Bélier*, grave l'autre face et suspends-le quand tu voudras.

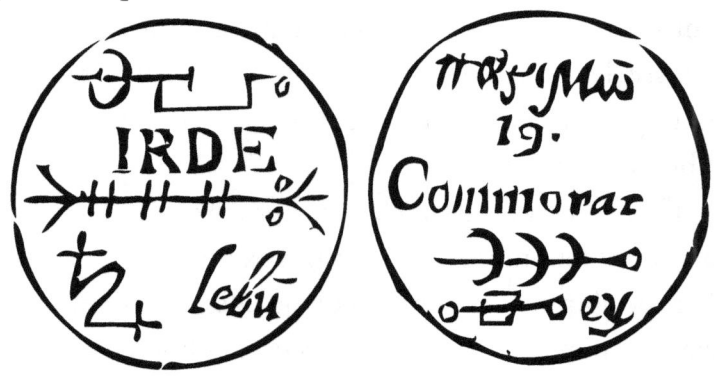

Ce remède a grande force contre toutes maladies vénéneuse [12] et poisons. Il a des vertus admirables pour tous ceux qui le portent au cou, soldats, capitaines, et ceux qui sont en butte à de perpétuelles guerres ou querelles. Dans cette occurrence, il a une puissance extraordinaire. Comme je l'ai dit, ce sceau est en fer et fabriqué suivant la formule ci-dessus, si *Mars* est maître de l'année et s'il entre dans le premier degré du *Scorpion*. Puis à l'entrée de *Mars* dans sa propre maison, celle du *Bélier*, grave comme ci-dessus et appends à l'heure de *Mars*. Si on place ce sceau dans une maison, nul scorpion ni serpents ne pourront y vivre et quitteront la demeure. C'est un puissant remède contre les morsures vénéneuses. Il donne aux militaires une grande force dans les combats. Il est aussi de grande utilité aux lépreux qui le portent, et s'ils boivent en même temps de l'or où il a trempé.

Qu'il soit gravé comme sur la figure suivante.

---

12 Pbbt. Intoxications ou maladies causant l'empoisonnement du sang (Syphilis, *Cancer*, etc.).

Un anneau d'or pur doit être fixé à l'extrémité de la queue afin de le suspendre, de manière à ce que la tête soit en bas. C'est un expédient excellent contre les punaises, si on le fixe au bord du lit.

Sagittaire.

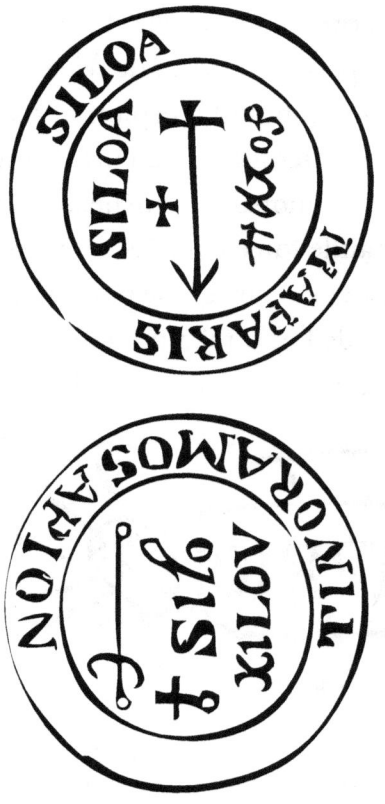

La préparation du sceau du *Sagittaire* se fait à l'heure de l'entrée du *Soleil* dans le *Sagittaire* (annuellement vers le 12 ou 13ᵉ jour de novembre) et dans le Iᵉ degré dudit *Sagittaire*. Marque-le à l'heure de *Jupiter* et suspends-le à la même heure, la *Lune* en ascendant. J'ai découvert ce sceau après de longues années et l'ai expérimenté suivant l'art.

Je me suis servi souvent de ce sceau pour la confusion de mes ennemis; ils restèrent, devant sa puissance, stupéfiés comme des onagres; ils n'osaient pas même ouvrir la bouche. Son anneau doit être d'argent, mais le sceau tout entier d'étain sans aucun alliance. Il veut être gardé et porté en état de pureté car s'il est gardé pendant le temps de la copulation, il perd sa force et son efficacité.

Nous sommes encore obligés de nous plaindre des personnes envieuses et perfides qui envient chez les autres ce qu'elles ne possèdent pas elles-mêmes, ne laissant rien de parfait; de ce qui peut sembler la seconde fois dans ce livre, que leur puissance et pouvoir puissent se voir retirer, tel qui a été dit concernant le signe du *Gémeaux*. Par la protestation du même auteur, dans ce chapitre, qu'il estime que ce second sceau est le plus puissant de tout l'Art de la Médecine. Les envieux travaillerons donc en vain; car qu'ils le veuillent ou non, il mettra en lumière tout ce qu'ils ont retiré des Livres de *Theophrastus Paracelsus*. Car cet auteur, prudemment cacha ces Livres en divers endroits dans les murs de façon à ce que, après sa mort, ils furent perdus au même endroit et qui sait, préservés éventuellement pour les hommes bons. Si jamais ils devaient tomber sous les mains d'hommes mauvais, alors qu'ils soient perdus à jamais ou détruits. Ils furent donc préservés pour nous tous et qu'en temps opportun, les hommes envieux et mauvais puissent être révélés.

Capricorne.

Ce signe nous met en rapport avec *Saturne*, et son Sceau se fait avec de l'or. Le plomb ne donne aucune puissance d'opération aux autres métaux. L'anneau doit être de cuivre. Prépare-le à l'heure de l'entrée du *Soleil* dans le *Capricorne*, le *Soleil* à grande distance de nous. Grave au jour de *Saturne* et à l'heure du même. Puis si, par hasard, *Saturne* est rendu influent par un bon aspect avec les autres astres, suspends-le à l'heure de la conjonction et la *Lune* en décours. Peu importe que ce soit la *Lune* ou une autre planète.

Cette pièce peut à bon droit se dire favorable au peuple. Ce sceau guérit totalement — c'est certain — ce qu'on appelle un lupus aux jambes. Les anciens l'ont ignoré : ils tenaient pour assuré qu'il n'y avait aucun remède contre cette maladie, et pourtant il était un remède assuré en dehors de tout autre.

Verseau.

À l'entrée du *Soleil* dans le *Verseau* au mois de janvier, tu feras ce sceau avec l'alliage suivant : *Or* ʒ β. *Plomb* ʒ *ii*. *Fer* ʒ i. Qu'à l'heure susdite, il soit fondu, gravé, ciselé. À l'entrée de la planète *Saturne* dans la neuvième maison du ciel, grave rapidement les figures et les paroles dans l'ordre. Tu ne dois le suspendre qu'au moment où le *Soleil* est couché. Il faut observer aussi l'heure de *Saturne*.

Ce sceau te servira contre la paralysie, la goutte froide, la tension des nerfs et des tendons. Il sert à conserver la mémoire et met ceux qui le portent en faveur auprès des hommes. Il sert d'antidote à tous les poisons. Ce modèle est utile contre les araignées. Si on met le sceau près d'elles, elles s'éloignent rapidement et ne reviennent plus.

Poissons.

Le sceau des *Poissons* se fait au mois de février, à l'entrée du *Soleil* dans le signe des *Poissons*. On se sert des métaux suivants :

℞ *Or, Fer, Cuivre, Argent,* chacun ℥ ii. *Étain* ℥ β.

La même heure doit le voir fondre et apprêter. Puis, quand *Jupiter* est favorable dans la huitième maison du ciel, on suspendra ce sceau au jour et à l'heure de *Jupiter*.

Cet objet est d'une très grande efficacité pour réprimer et dompter la colère, qui occasionne les Paralysies, l'Apoplexie, la Colique et autres maladies. Le port de ce sceau détourne toutes ces choses, chez l'homme comme chez la femme. Il adoucit la goutte, le spasme et les autres douleurs des pieds.

Ce sceau doit prendre assez bas pour adhérer au-dessous du nombril, contre le ventre.

Et ainsi finit le Second Traité des douze signes et de leurs secrets.

Voici d'autres Secrets Communs de la Nature, de Paracelse.

LIVRE TROISIÈME.

DE même, si tu vois dans le ciel *Mars* et *Saturne* en conjonction, prends du fer avec lequel tu formeras et façonneras un rat, et travaille à l'achever avant la fin de la conjonction. Sur le ventre, tu graveras, à l'heure de *Jupiter*, les mots ALBOMATATOX. Puis, la *Lune* versant dans le *Cancer*, et vers le 9ᵉ ou 10ᵉ degré, sur le flanc gauche υηδεμώρςλιξ. Enfin, la *Lune* en décours et versant dans le 9ᵉ ou 10ᵉ degré des *Poissons*, grave sur le flanc gauche ceci : יודשתחב ; sur le dos, à l'heure de la pleine *Lune* et à son propre

 point, marque tout droit le long de l'épine dorsale jusqu'à la queue, avec ce signe qui doit regarder la tête :
IO + NATURA SUA.

Note qu'à partir du signe de *Vénus* jusqu'au centre de l'autre symbole, une line doit être inscrite par-dessus. Enfin fais avec du plomb pur un collier pour le col du rat, et la *Lune* croissante, au jour de *Saturne*, à la première heure nocturne (qui est la première heure de *Saturne*) grave dessus ces caractères : **IL Con. 3. 4. AB. Eλια.** Ceci fait, mets au rat le collier à la conjonction de ♄ et ♂ comme précédemment. Place le rat à peu près au milieu de la maison : les rats et les loirs s'en iront et fuiront les bâtiments. Si quelque rat étranger s'introduit furtivement, il ne restera pas plus d'une heure à l'intérieur. Si tu attaches par un fil un rat vivant à ce rat métallique, il ne vivra guère plus d'un instant, mourra subitement et gonflera comme s'il avait mangé quelque chose de vénéneux.

Des troupeaux.

Il ne faut pas, d'autre part, enseigner seulement à guérir, mais il faut enseigner aussi à acquérir. Il faut observer le temps où les brebis meurent en masse, comme par contagion. Tu fabriqueras alors un agneau ou brebis en archal [13], comme nous allons l'enseigner.

Sur les limites de ta ferme ou de ta terre, de la terre ou de l'argile de trois endroits différents. De plus, extrais du sable d'un cours d'eau voisin de la ferme dans lequel on mène boire le troupeau. Façonne toutes ces choses en les pétrissant, au décours de la *Lune*. Avec cette terre, cette boue, modèle une figure semblable à une brebis. À l'heure de la *Lune* décroissante grave çà et là et séparément sur la brebis :

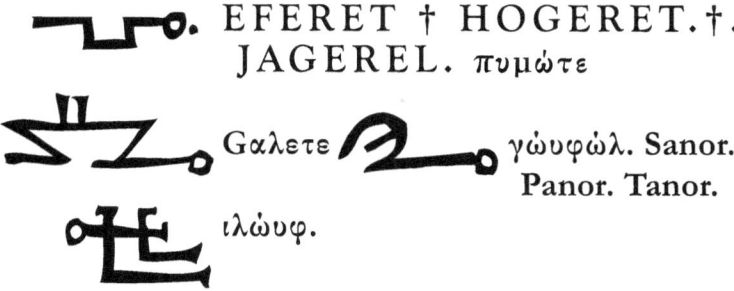

EFERET † HOGERET.†. JAGEREL. πυμώτε Gαλετε γώυφώλ. Sanor. Panor. Tanor. ιλώυφ.

Place cette brebis dans l'étable, saupoudre-la de sel, afin que les brebis viennent y lécher le sel répandu. Consécutivement, elles deviendront plus réfractaires à la contagion et leur mortalité sera moindre. Celles qui étaient antérieurement malades, en léchant le sel, entreront en convalescence, tant la nature est puissante dans les choses de cet ordre.

---

13   Laiton.

On peut préparer des remèdes de la même espèce pour les bœufs, porcs et autres animaux, selon les conditions, temps et jours pour chacun. Si les bœufs ont une maladie du sang (comme on dit vulgairement) cette maladie est aussi funeste pour eux que pour les chevaux qui parfois meurent subitement d'une maladie dans l'*Uvula*, dite en allemand *Feissel*. Contre cette maladie du sang tu écriras sur un œuf fraîchement pondu :

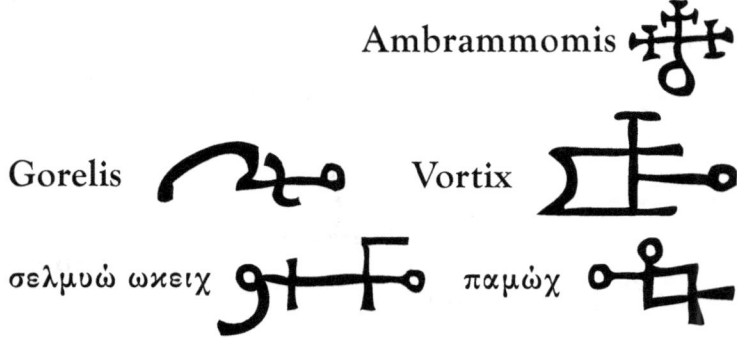

Ouvre la bouche de l'animal et, dans l'ouverture, brise l'œuf afin que le liquide reste dans le gosier en le fermant avec la langue de l'animal. Il se rétablira avec le temps. Se garder néanmoins de le faire boire pendant les douze heures qui suivront.

Fais-en de même au cheval malade de la susdite maladie. Brise-lui l'œuf dans la gorge en prenant d'abord garde qu'au lieu du mot *Ambrammomis* de la croix supérieure, tu fasses ou substitues le mot et symbole,

 *Kupfamilon*, le cheval vomira tout de suite. Puis tu lui feras prendre du fourrage additionné de sel et de vinaigre et boire douze heures après. Après avoir mangé, mène-le promener pour le faire transpirer, puis qu'il se repose. Ce sont les arcanes de la Nature qui, selon l'époque et le jour, et dont l'action est subordonnée à l'observation du temps (astrologique).

Contre les mouches.

Les mouches agacent très souvent les hommes et, de plus, pendant l'été, nuisent aux aliments. Si elles t'importunent, prends un fer de lance ou une aiguille faite d'acier pur et préparée sous la pleine *Lune*. Grave ces signes sur le manche ou poignée.

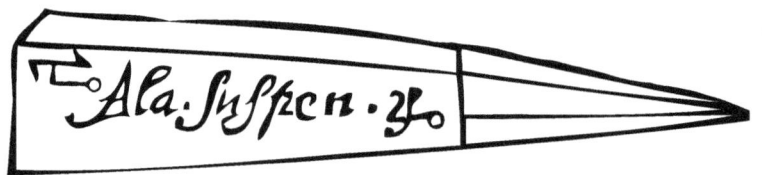

Puis, de la poignée à la pointe, conduis trois virgules oblongues : une dans la nouvelle *Lune*, la seconde lors de la pleine *Lune,* et la troisième, une fois encore, lors de la nouvelle *Lune*. Ensuite, sous une conjonction de ♄ et ☽, grave ces mots sur longueur de la framée [14], comme suit :

Plante cette framée dans n'importe quelle paroi, et à n'importe quel endroit de la demeure. Trace autour d'elle, à la craie, un cercle de la largeur du disque ou de l'orbe. Toutes les mouches y voleront et demeureront, jusqu'à ce que tu extirpes la framée. Si tu le fais, elles se répandront partout et tourmenteront les hommes à leur manière.

FINIS.

---

14   Lat. *framea,* donné par Tacite comme un mot germanique. Arme des anciens Francs, qui était une espèce de lance à fer très long.

De la transmutation des Métaux, et des Époques.

LIVRE QUATRIÈME.

Si tu veux transformer l'or en argent ou l'argent en or, ou tout métal que tu voudras en un autre, tu regarderas soigneusement à la table suivante. C'est une étude importante au moyen de laquelle tu pourras parvenir plus vite et plus facilement à la fin de ton entreprise.

Table indiquant les moments propices pour la transmutation des Métaux.

Pour changer en ☉.	☽ ♀ ♂ ♃ ♄ ☿	Commencer au moment où la *Lune* verse dans le 6e degré de	♋ ♉ ♈ ♓ ♒ ♏	Toujours dans l'heure de la planète en laquelle tu veux changer le Métal	☽ ♀ ♂ ♃ ♄ ☿
♄.	☉ ☽ ♂ ♀ ♃ ☿	Commencer ☽ agissant dans le 20e degré de	♌ ♋ ♏ ♉ ♓ ♍	Heure de	☉ ☽ ♂ ♀ ♃ ☿
☿.	☉ ☽ ♀ ♂ ♃ ☿	1er degré du	♌ ♋ ♉ ♍ ♓ ♒	Heure de	☉ ☽ ♀ ♂ ♃ ♄
☽.	☉ ♀ ♂ ♃ ♄ ☿	12e degré du	♌ ♎ ♏ ♐ ♒ ♊	Heure de	☉ ♀ ♂ ♃ ♄ ☿

♀.	☉ ☽ ♂ ♄ ♃ ☿	9e degré du	♌ ♋ ♈ ♓ ♒ ♊	Heure de	☉ ☽ ♂ ♃ ♄ ☿
♂.	☉ ☽ ♀ ♃ ♄ ☿	81e degré du	♌ ♋ ♉ ♐ ♑ ♍	Heure de	☉ ☽ ♀ ♃ ♄ ☿
♃.	☉ ☽ ♀ ♂ ♄ ☿	3e degré du	♌ ♋ ♎ ♍ ♒ ♍	Heure de	☉ ☽ ♀ ♂ ♄ ☿

Exemple.

Si tu veux changer l'argent en or, tu commenceras à l'heure de la *Lune*, la *Lune* occupant le sixième degré du *Cancer*, si tu comprends bien la précédente table de transmutation des métaux. Car toutes les affaires terrestres, difficultés, rapports et relations de choses se mènent à bien très commodément et très heureusement, d'après le mouvement du Ciel et des Planètes. En effet, Dieu ayant tout ordonné de la sorte, l'universalité des hommes que nous sommes est régie et divisée, tant vers les maladies que vers la santé, par la force et opération du firmament. Et c'est cette opération qu'il faut observer dans les Opérations Médicinales, en raison que ces vertus puissent procurer les effets les plus puissants.

Voici la signification des métaux, pour mémoire :

♄	*Saturne.*	Plomb.
♃	*Jupiter.*	Étain.
♂	*Mars.*	Fer.
☉	*Soleil.*	Or.
♀	*Vénus.*	Cuivre.
☿	*Mercure.*	Vif-Argent.
☽	*Lune.*	Argent.

FINIS.

De la constellation du
Miroir.

LIVRE CINQUIÈME.

Voici d'abord la manière de préparer cet instrument royal : le commencer indifféremment chaque mois pendant toute l'année, mais regarder soigneusement le signe en ascendant dans le ciel ; observer attentivement le commencement de chaque signe, son degré au-dessus de l'horizon, ensemble les signes méridiens comme on nomme le milieu du ciel. En outre, savoir la partie du ciel où se trouve la Planète en question, à l'heure et au jour du commencement ou « inchoation » de ce mystère. De même, si la planète est au-dessus de la terre ou au-dessous, et quand elle doit monter à notre horizon. De plus, savoir les conjonctions des Planètes, ou dans quel signe ou degré se trouve le *Soleil* ou la *Lune*. Il faut aussi repérer avec grand soin les phases et mutations de la *Lune*, de même les Équinoxes, sans se servir pour cette computation des règles ou tables de Ptolémée. Les tables de Ptolémée ont été faites en l'an du Christ 140. À ce moment, l'équinoxe fut le 31 *Mars* 2 h. 4 m. du milieu du jour. C'est pourquoi, dans notre siècle, à savoir l'an 1537, il y a environ 5 jours 7 h. 36' d'intervalle. Or, dans la machination de cette œuvre si admirable, il faut prendre garde au véritable Équinoxe ; le lieu de l'Équinoxe doit être pris dans l'Écliptique du 8ᵉ Ciel, que j'appelle commencement du *Bélier* à cause de la division ou répartition. En effet, la première partie dans l'équinoxe à partir de l'Écliptique contient 24 minutes de déclinaison. Et nous avons ce jour de l'Équinoxe

Là le lieu du *Soleil* est proche de la division de l'Écliptique et du sixième cercle de l'Équinoxe dans le huitième ciel. Et ce point est certain. Or partout où se place le *Soleil*, soit à l'ascension, soit au milieu du ciel, soit au déclin, là sera le commencement du *Bélier* et des Signes. Et le *Soleil* placé en ce lieu, on connaît clairement l'heure du jour d'après lequel le commencement du *Bélier* et des

Signes, partout où ils se trouveront dans le ciel, pourra se savoir d'après le lieu sensible et se découvrir selon l'ascendance dans l'Orient, pendant toute l'année, d'après le mouvement et le lieu du *Soleil*. Il faut aussi prendre quelques lieux de Planètes selon de l'Écliptique. Cette égalité de description dans le huitième ciel a été formulée par moi Théophraste. Mais toutes ces choses exposées par leur mode et leur marche, passons à l'œuvre en elle-même. Les sept métaux doivent se prendre suivant le poids prescrit, de telle façon pourtant que chacun soit purifié et depuré de la manière que nous indiquons ci-après :

℞ *Or*   *parties ou 1/2 onces* . . *10*
   Argent   » *10*
   Cuivre   » *5*
   Étain   » *2*
   Plomb   » *2*
   Fer   » *1*
   Mercure   » *5*

Tous ces métaux, une fois purifiés, doivent être gardés séparément dans un papier. Il est aussi question d'un miroir. En effet, une telle quantité d'or sert à faire un miroir dont la taille est à peu près celle que nous donnons ci-après :

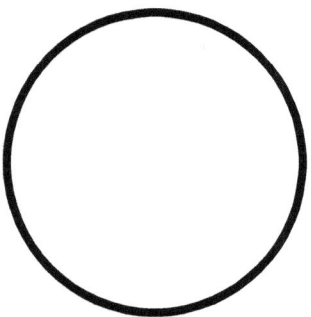

Il doit toujours y avoir trois de ces miroirs. Dans l'un on voit les images des hommes, tels que voleurs, ennemis on autres; de même les formes et figures des troupeaux, armes, combats, sièges; en outre, toutes choses humaines accomplies, ou en cours d'exécution. De jour ou de nuit, cela se réfléchit dans le miroir. Dans le second, on voit tous les discours, paroles, conseils, dits ou écrits, où et quand ils ont été élaborés et enregistrés avec toutes choses décrétées et conclues dans ces conseils, avec leurs causes. Il importe toutefois que ces choses soient faites et passées, car en cette matière rien de futur ne peut être vu ou su. Dans le troisième, seraient toutes choses écrites dans les lettres ou livres et tout ce que la plume a consigné, encore que secret et caché. En résumé, l'homme qui regarde dans cette espèce de miroir, verra apparaître toutes choses qui se font ou se sont faites sous l'horizon, tant à distance qu'à proximité, de jour ou de nuit, en cachette ou en public. Ces miroirs doivent se fabriquer spécialement pour ceux qui doivent en faire usage. Tous les autres pour qui ils n'ont point été construits, ne peuvent y regarder. À noter que si l'on veut faire de plus grands miroirs, il faut prendre plus de métal. Plus grand est le miroir, plus son champ de réflexion est étendu. Si, en effet, on veut connaître les grandes assemblées qui se font en temps de guerre, de conflits ou de combats, un espace étroit ne permettrait, ni aux personnes, ni aux chevaux, ni aux troupeaux ni à d'autres semblables spectacles de s'y reproduire aussi distinctement que dans le grand miroir où ces choses s'offrent beaucoup plus agrandies. Et cependant, il faut autant de travail pour un petit miroir que pour un grand. La seule différence est que dans un petit miroir il y a moins de métal et moins de polissage.

Les métaux, une fois formés, purifiés et taillés, doivent ensuite, pour cette œuvre, être purgés de la sorte. Il est de la plus grande importance que chaque métal soit épuré à l'heure de sa planète correspondante. Au surplus, il faut observer vis-à-vis de cette planète les aspects bons ou mauvais des autres constellations bonnes ou mauvaises.

Or.

Si l'or a été par trois fois fondu dans l'antimoine, puis passé et épuré par *Saturne*, l'œuvre n'a besoin d'aucune autre purification. En outre le battre très mince, faire macérer 24 heures dans l'eau de sel, laver à l'eau pure, essuyer très soigneusement avec un linge de pur lin et mettre de côté pour s'en servir en temps voulu.

Argent.

Voici la manière de purifier l'argent. L'étendre en lame mince, puis le faire cuire dans de l'eau additionnée de tartre et de sel pendant un quart d'heure. Retirer, laver à l'eau pure, essuyer avec un linge propre et le garder à part pour s'en servir au moment opportun.

Cuivre.

Placer le cuivre dans de l'eau de vitriol (al. de camphre), coupée de vinaigre, et ce pendant 6 ou 8 heures. De la sorte il sera purifié. Laver proprement, sécher, mettre de côté.

Fer.

Limer. Laver soigneusement la limaille, et sécher avec précaution sur des braises.

Plomb.

Liquéfier le plomb dans une cuiller de fer. Y jeter un morceau de cire de la grosseur d'une fève, qui s'y consumera. Puis répandre dans de l'eau pure.

Étain.

Fondre de l'étain, y jeter du suif, de la cire ou du miel qui brûleront sur lui ; répandre l'étain dans de l'eau pure, sécher, mettre de côté.

Vif-Argent.

Passer par trois fois au tamis dans un vase de bois propre. Ce qui a passé, est suffisamment bon et purifié pour cette œuvre, ce qui est resté dans le tamis est sans valeur. Garder à part ces métaux. Toutes ces choses seront ainsi préparées pour commencer.

Ceci fait, il faut soigneusement et exactement connaître la complexion de la personne, homme ou femme, pour qui ce miroir est fabriqué : à savoir par le thème de la nativité comme nous l'avons plus clairement enseigné ci-dessus ; non pas comme certains le font en dressant ce thème d'après l'heure officielle de l'accouchement, mais en remontant par le calcul (de l'heure de l'accouchement au moment exact de la conception) à l'heure et au point mêmes où le Dieu tout puissant envoya une âme vivante au fœtus dans le sein de sa mère, et au premier instant où elle commença de vivre. Ces heures se présagent et se devinent d'après les fondements que moi, Théophraste, ai posés et établis exactement et véritablement pour n'importe quel homme, jeune ou vieux. La nativité de l'homme une fois relevée, sa complexion connue, ensemble les planètes et les signes, ce sont des éléments suffisants pour cette œuvre. Il ne s'agit pas ici de savoir sa fortune, son infortune, sa mort, sa vie, ses maladies ; non, il suffit de savoir la révolution de l'année pendant laquelle il est né.

Suit la table où apparaît le principe du miroir pour n'importe quel homme et quelle que soit sa planète.

♄	♒ 12 deg.	12.7	☉ 5 deg.	♒ ☽ 12 deg.
♃	♐ 11°	11.3	☉ 3°	♐ ☽ 19°
♂	♈ 10°	10.8	☉ 9°	♈ ☽ 10°
☿	♍ 3°	6.2	☉ 13°	♍ ☽ 7°
☉	♌ 12°	1.5	☉ 12°	♌ ☽ 4°
♀	♉ 7°	9.7	☉ 1°	♉ ☽ 20°
☽	♋ 6°	4.1	☉ 20°	♋ ☽ 6°
Si l'homme est sujet de la planète, le commencement est dans le ° du signe.	*Degrés des signes des planètes.*	*Domiciles des planètes.*	*Soleil dans les degrés des signes.*	*Lune dans les degrés des signes.*

Si l'homme en question est Saturnien, la première opération doit se faire si la planète *Saturne* est dans sa propre maison, c'est-à-dire dans le *Verseau*; ou si, en raison du temps, ce n'est pas la maison de *Saturne* de telle sorte pourtant qu'il soit au moins dans la 12ᵉ maison céleste, maison de l'infortune, de l'inimité, de l'envie, bref de tous les maux, et que le *Soleil* soit dans le 5ᵉ degré du *Verseau*, la *Lune* au contraire au milieu ou dans le 12ᵉ degré, prends d'abord du plomb pur et purgé au même point et moment où la *Lune* apparaît dans la première limite du 12ᵉ du *Verseau*; mets-le au feu dans un creuset d'argile; il convient que toutes ces choses aient été appointées et préparées à l'avance. Le plomb liquéfié, et au premier point de la liquéfaction, écarte-le du feu et couvre rapidement le vase d'argile et le mets de côté. Laisse-le aussi longtemps que la Planète ♃ n'aura pas atteint le 11ᵉ domicile du ciel ou 11ᵉ du *Sagittaire* et la *Lune* 19ᵉ du ♐; le *Soleil* au 3ᵉ de sa course dans ce même signe du *Sagittaire*. Prends alors l'étain auparavant purgé et purifié, pour l'avoir dans la main. Le susdit plomb fondu sera de nouveau liquéfié dans son creuset; remets au feu, de telle façon qu'il coule; tu y jetteras l'étain pour qu'ils soient liquéfiés ensemble. Si tu as agité ces deux métaux avec du bois pour bien les faire couler, tu retireras et couvriras comme avant, et laisseras reposer jusqu'à *Mars* de la manière susdite. On en use de la sorte avec les autres métaux suivant la teneur de la table, jusqu'à ce que tous les métaux soient fondus et en cohésion.

Mais si la maîtresse de la Nativité est *Vénus*, commence par le cuivre et observe le processus suivant : *Vénus, Mercure, Soleil, Lune* ; et comme plus haut à partir de *Saturne* la numération se fait par *Jupiter* et *Mars* et jusques à *Vénus*, et qu'en comptant tous soient répétés si l'on commence seulement toujours par le seigneur de la complexion et de la nativité. *Mercure* seul, s'il est le seigneur de la nativité, est toujours le dernier, parce que son métal ne reste pas dans le feu, mais se répand partout en vapeur. Alors il est le dernier et cependant en son temps.

Les sept métaux, comme nous l'avons dit, ayant tous été rassemblés, que deux tables de fer polies soient à ta portée ; tout d'abord avec un fil de fer, tu formeras un moule qui ait la largeur du miroir, de façon que, jeté entre les deux tables de fer, le miroir infuse dans ce moule acquierre sa largeur exacte et déterminée. Que l'orifice (ou entrée) soit étroit d'en haut afin que les métaux puissent y être coulés comme le montre la figure ci-dessous, semblable à une bouteille. Tu chaufferas les tables de fer, avant la coulée, et les oindras de suite afin que les métaux n'adhèrent pas et que le miroir en sorte poli et nettement clair.

LIVRE CINQUIÈME

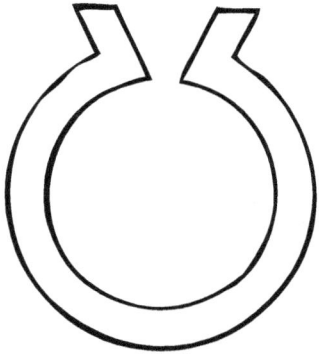

*Forme de la bouteille à fusion,
dans laquelle est formé le miroir.*

Toutes ces choses accomplies, il faut faire grande attention au temps. Si le maître de la nativité est versé en deça de la terre, c'est-à-dire dans les 1ᵉ, 2ᵉ, 3ᵉ, 4ᵉ, 5ᵉ, ou 6ᵉ maison du ciel, la *Lune* dans le 10ᵉ de la maison du maître de la nativité et qu'il n'y ait en outre aucun mauvais aspect tel que □ et △ ou ☍ ; alors répands dans la forme au nom du Seigneur les métaux qui ont tous été congérés ensemble dans le vase d'argile. Le premier miroir est celui dans lequel on voit toutes choses qui doivent s'y réfléchir corporellement et substantiellement, hommes, images, édifices, animaux. Que la fusion se fasse au point et moment où la *Lune* atteint le 10°. Peu importe que cela soit de jour ou de nuit.

Puis retire le miroir de la forme et mets-le de côté. Fonds dans un vase d'argile les grains et rognures restants, pas avant la conjonction du Seigneur de la Nativité et de la *Lune*. À l'heure de cette conjonction, fonds de nouveau les métaux en une seule masse. Une fois fondus ensemble, laisse dans le vase d'argile et prépare le moule. Le maître de la nativité dans la 10ᵉ maison du ciel, c'est-à-dire dans le milieu du ciel ou au zénith, fonds le second miroir. À ce moment, la *Lune* doit se placer dans la 2ᵉ maison ou signe de la Planète qui est maîtresse de la Nativité. De même que la *Lune* était antérieurement dans le 10° du *Capricorne*, elle doit être dans le 10° du *Verseau*. Si *Saturne* était maître de la nativité, il aurait deux domiciles, à savoir le *Capricorne* et le *Verseau*. Si le *Soleil* et la *Lune* président à la nativité, ils ont au moins une maison : pour le *Soleil* le *Lion*, et pour la *Lune* le *Cancer*. De cette façon, trois miroirs sont à fondre, si la *Lune* marche dans le 10° du *Lion* et le 10° du *Cancer*. Le miroir se fait de la manière susdite ; avec lui, on peut savoir tous les discours, paroles, chants déjà passés, en y joignant les jours, temps et heures auxquels ces choses ont eu lieu.

Enfin refonds les métaux au moment d'une conjonction directe comprenant le Seigneur de la Nativité. Il en est de même si la *Lune* est en conjonction avec une autre planète. Le miroir enlevé se garde à part, et de nouveau reçoit sa forme comme il est dit précédemment. Si la Planète pénètre dans les 7ᵉ, 8ᵉ, 9ᵉ, 10ᵉ, 11ᵉ ou 12ᵉ maison, elle est déjà au-dessus de la Terre. En outre, si la *Lune* est de nouveau dans le 1er signe ou maison, la Planète est au 10e degré, et que nul mauvais aspect n'intervienne, on opère la fonte du 3e miroir. Dans celui-là se voient toutes choses écrites, dessinées, peintes, dans les lettres et dans les livres, et sommairement toutes les choses cachées qui vivent et sont faites par les vivants. Après cela, s'il reste encore du métal, tu peux l'employer à ce que tu voudras. Les miroirs doivent être gardés dans l'ordre de leurs numéros 1, 2, 3.

Si le *Soleil* est entré dans le signe ou la maison de la Nativité du Seigneur, il faut lisser les miroirs et les polir finement d'un côté à la pierre d'émeri, de façon qu'on ne puisse découvrir aucune aspérité ou tache, car ce serait un grand obstacle au succès de l'opération. Cela fait, ne point les poser les uns sur les autres, mais les mettre de côté chacun à part ; le polissage doit être entrepris suivant le temps. Encore que tous les trois n'aient pas été fondus ensemble, cela ne présente pas d'inconvénient, mais il faut se dépêcher. Ces miroirs rendus nets, il faut faire attention à la future nouvelle *Lune* après le polissage. Alors on les brunit. Au moment de la nouvelle *Lune*, on met un peu de poudre sur du bois mou, on frotte très doucement le premier miroir ; il deviendra clair et brillant. Au point de la nouvelle *Lune* suivante, il faut polir les 2e et 3e miroirs dont on avait jusque-là ajourné le polissage, de telle façon qu'ils ne soient ni joints ni réunis, mais soient gardés séparément. Si, en outre, le Seigneur de la Nativité se trouve dans 4ᵉ maison, c'est-à-dire dans la maison de tout secret et chose cachée, si le *Soleil* et la *Lune* demeurent, eux, autant de temps jusque-là dans les maisons du Seigneur de la Nativité et qu'ait lieu une conjonction de deux bonnes Planètes, alors ces trois miroirs doivent être placés ensemble dans de la claire eau de fontaine, pure, fluide, de telle façon qu'ils se rencontrent enfin de nouveau sous l'eau. On les y laissera environ deux heures jusqu'à la fin de la conjonction ; puis on retire, on les roule et on les garde dans un linge de pur lin.

Ainsi donc cet Instrument royal peut être fait en treize mois, si l'opération commence en temps voulu et qu'on observe exactement les époques (astrologiques). On peut le faire chaque année. Cependant il y en a de plus favorables que d'autres, surtout si le maître de la Nativité gouverne l'année ou est maître de la Partie de Fortune.

FINIS.

De l'alliage des Métaux.

LIVRE SIXIÈME.

Nul ne peut nier que les alliages de métaux n'opèrent des choses admirables dans les sphères supernaturelles : ce qui peut être démontré par de nombreuses preuves, comme il sera dit plus clairement par la suite. Fais une composition des sept métaux en série convenable et en temps propice, fonds-les en une seule masse, et tu auras ainsi un tel métal que tu y retrouveras les qualités des sept métaux unies intimement. Toutes ces qualités, c'est dans cet unique métal appelé par nous Electrum[15], que tu les verras. Non seulement il possède en lui les forces naturelles des sept métaux, mais en outre, il reçoit d'autres forces supernaturelles. En effet, les métaux purs et simples n'ont pas en eux plus de vertus que celles à eux attribuées par Dieu et par la Nature, lesquelles à la vérité existent toutes en tant que naturelles. Ainsi l'on sait que l'or, le plus noble, le plus admirable, le plus excellent des métaux, guérit la Lèpre avec tous ses symptômes ; le cuivre et le *Mercure* raffermissent toutes plaies et blessures extérieures. De même tous ces métaux ont des forces particulières dont nous ne parlerons pas ici ; mais nous apportons des preuves des vertus des métaux.

Et pourtant cette indissoluble et inaltérée Essence métallique n'a aucune force ou utilité en médecine, sinon mauvaise. Il est tout à fait nécessaire que, pour montrer leur force médicale, ils perdent d'abord leur état

---

15   Pour l'Electrum, voir t. II. p. 100^b.

Quid est Electrum ? — Electrum quod per se Metallum non est sed tamen omnia metalla in uno metallo et corpore recondi, p. 100^b.

Dans l'antiquité, c'était un alliage naturel d'or et d'argent trouvé dans le fleuve Pactole et dans les monts de Lydie jusqu'à Crésus, à Cyzique et à Lesbos. C'est ce métal qu'Hérodote appelait χρυσος λευκος ou or blanc. Il servait aux monnaies en Lydie. Densité 12^s à 15^s.

Sous le nom d'Aseon, les Égyptiens imitaient cet alliage naturel. Les Grecs donnèrent à l'Asem, par assimilation, le nom d'Electrum, (NDT).

métallique et soient eux-mêmes changés en une autre apparence, dans leur constitution mystérieuse, huiles, baumes, quintessences, teintures, chaux et autres semblables, et qu'ils soient enfin administrés au patient. En dehors de cette préparation, leurs qualités naturelles ne sont d'aucun secours pour des opérations supernaturelles, contrairement à notre Electrum, composé et assemblé d'après le cours du ciel, comme nous le divulguons, par la suite, dans la pratique.

C'est pourquoi nous ne donnons pas à tort de grandes louanges à notre Electrum. Sa vertu est grande et très grande.

Il est de toute nécessité, je pense, de décrire les forces et facultés de notre Electrum ; ayant omis le traité sur les métaux, nous nous proposons de ne commenter que cela seulement. Ils ne peuvent le moins du monde être mis en avec comparaison avec l'Electrum, ce qui éclate plus clairement que la lumière du plein midi. Si l'on fabrique avec cet Electrum une coupe ou un plat, personne ne pourra boire de poison ou ingérer des choses nuisibles par intoxications ou incantation, en suivant les prescriptions voulues.

Notre Electrum, en effet, possède une sympathie extraordinaire pour l'homme ; les sept Planètes et les Astres supérieurs y coopèrent de telle sorte que, par une entente ou consentement singulier, quand l'un transpire, l'autre est souillé, à peine touché par l'homme ou pris à la main. C'est pour cela, que les anciens attribuaient beaucoup de qualités à notre Electrum ; ils en firent quantité de vases à manger et à boire ; certains ont été, en notre siècle dégagés et extraits du sein de la terre, où on les avait cachés. Avec ce même Electrum, on a fabriqué autrefois certains ornements et clinodes tels qu'anneaux, bracelets, médailles, sceaux, images, figures, cloches, miroirs, monnaies, etc. ; d'aucuns ont été plaqués d'or et d'argent afin de ne pas trahir le secret. Mais cette coutume a complètement disparu de nos jours ; la chose même est tombée en désuétude et oubli.

Afin de ne pas laisser aujourd'hui plus longtemps dans l'ombre ce mystère de la Nature et les puissantes grandeurs de Dieu, mais pour les faire connaître du public et les mettre en pleine lumière, je n'ai pu empêcher ma science vulgarisatrice de décrire et de publier ces choses que les ténèbres des Sophistes avaient si longtemps déjà tenues dans le secret et dans l'obscurité. Il ne semble pas opportun de révéler ici l'universalité des forces et des vertus de notre Electrum : car si je le faisais, le sophiste calomnierait notre travail, l'ignorant l'attaquerait, le faible d'esprit le raillerait, le perfide et l'impie en abuseraient. Vis-à-vis de tous ceux-là, le silence est la plus sûre défense.

Cependant, il m'est impossible de ne pas montrer quelques forces et vertus admirables de notre Electrum. Nos yeux les ont vu se produire et nous pouvons précisément les mettre en lumière et en rendre témoignage sur l'heure, au nom de la vérité. Des anneaux de cette matière passés au doigt empêchent celui qui les porte — nous l'avons vu — de souffrir de convulsions spasmodiques, des atteintes de la paralysie ni d'aucune douleur, non plus que des attaques d'Apoplexie et des crises d'Épilepsie. Si l'on passe un anneau de cette matière à l'annulaire d'un épileptique, même au milieu de la crise la plus violente, il sera calmé sur-le-champ et sera en état de se relever. Nous avons vu et découvert que, si quelque maladie secrète est sur le point de saisir quiconque porte cet anneau à l'annulaire, l'anneau transpirera, en raison même de sa grande sympathie, se tachera et se déformera : nous l'avons très clairement démontré dans le *Livre des Sympathies*.

Il faut également savoir que notre Electrum écarte les mauvais esprits ; il tient encloses la faculté des opérations célestes et l'influence des sept planètes. C'est pourquoi les vieux Mages de Perse et les Chaldéens en ont démontré et mis en lumière toute la force. Si je voulais vous en recenser en détail toutes les merveilles, je vous écrirais une prodigieuse chronique ; je ne l'omets que pour éviter tout scandale : car il m'arriverait d'être proclamé, par le Sophiste, très grand et très haut Mage et enchanteur.

Je ne puis cependant passer sous silence un très grand miracle que je vis faire en Espagne par un certain Nécromant. Il avait une cloche qui ne pesait pas plus de deux livres. Chaque fois qu'il la frappait, il pouvait évoquer et amener des spectres, des visions d'Esprits nombreux et variés. Quand il lui plaisait, il inscrivait sur la surface interne de la cloche quelques mots et caractères; puis il la mettait en branle et sonnerie, et faisait apparaître un Esprit de la forme et apparence qu'il voulait. Avec le son de cette même cloche, il pouvait attirer vers lui ou écarter de lui de nombreuses autres visions d'Esprits, surtout des hommes et des troupeaux; je l'ai vu de mes propres yeux produire beaucoup de ces phénomènes. Chaque fois cependant qu'il faisait œuvre nouvelle, il changeait les mots et les caractères. Il ne voulait pas me révéler le secret de ces mots et de ces caractères; mais j'examinai et sondai la chose en moi-même, enfin je la découvris fortuitement. Ces moyens et ces procédés, je les dissimulerai soigneusement ici. Remarquez qu'il y avait plus de vertu dans la cloche que dans les paroles mêmes. Sûrement, cette cloche avait été entièrement faite de notre Electrum.

C'est encore de la sorte qu'était faite la cloche de Virgile, au son de laquelle étaient terrifiés les adultères des deux sexes qui se rendaient dans la cour du roi Artus; à ce point qu'ils étaient pris du vertige constellé;

ils en étaient bouleversés et tombaient du pont dans l'eau qui coulait en dessous comme frappés de la foudre. Ce n'est pas une fable, mais une chose véritable et digne de Chronique. Ne méprisez donc pas de croire de semblables choses naturelles comme possibles. En effet, si l'homme visible (l'homme matériel) peut appeler un autre homme et le forcer par le son de sa voix à faire ce qu'il aura ordonné — par un simple mot, même un son dépourvu de mot et comme liquide — en dehors de toute intervention des armes et de toute violence ; pouvoir la même chose est beaucoup plus facile à l'homme invisible (l'homme spirituel) qui peut dominer tout ensemble le visible et l'invisible non seulement par le mot, mais encore par la pensée du mot. Il est, en effet, toujours convenable que ce qui est en bas obéisse à ce qui est en haut et lui soit soumis. L'homme invisible est-il autre chose que l'Astre lui-même réfugié invisible dans l'âme et dans les pensées de l'homme, qui apparaît et sort au travers de son imagination ? Si déjà l'astre de l'homme peut exister et par l'Esprit Olympique être amené à agir sur autrui ; alors pourra-t-il exister de même dans les métaux et produire son impression pour les exalter plus haut que leur propre nature, et ce par la force et l'opération des astres ; nous l'avons enseigné dans les autres livres de l'*Archidoxe Magique*. Exemple : Avec l'or et le *Mercure*, faites un amalgame, une composition, un alliage des deux métaux au moment de la conjonction du *Soleil* et de *Mercure*, surtout si dans cette conjonction le *Soleil* domine *Mercure*. On pourra ensuite les fixer facilement ensemble, de manière à leur faire rendre la Teinture en *Mercure* vif. Que dans une telle conjonction on puisse plus amplement l'augmenter avec du *Mercure* vif : c'est un très grand secret de la Nature.

De même, et en dehors de toute conjonction, on peut faire des compositions et des alliages entre l'or et l'argent et le *Mercure* vulgaire de la façon suivante : Tenir l'or au dessus du *Mercure* vulgaire qui, sous les apparences de fumée montera entièrement vers l'or et le rendra blanc, fragile et fusible comme de la cire. On peut traiter l'argent de la même façon. Nous avons coutume de l'appeler Magnésie des Philosophes : pour la trouver, des philosophes, parmi lesquels Thomas d'Aquin et Rupescissa et ses élèves ont travaillé avec soin, mais en vain. Ce secret est très remarquable et singulier, le *Mercure* vif s'allie au feu avec les métaux difficilement fusibles, argent, cuivre, fer, acier, de manière à ce qu'ils fondent ensemble et coulent plus facilement. C'est de cette façon que se préparent beaucoup de Teintures et d'Élixirs pour la transmutation des métaux : nous l'avons enseigné d'une façon plus développée dans le livre sur la *Transmutation des Métaux*.

Du *Mercure* ordinaire, il faut savoir que, de quelque manière qu'il pénètre les métaux de sa vapeur, il les calcine et les tourne vers sa propre nature, de même les métaux, par leur vapeur, coagulent aussi le *Mercure* vif. Nous tenons en effet pour prouvé que le *Mercure* est intérieurement d'une très grande chaleur, et qu'il ne peut être coagulé que par un très grand froid, lui qui dans le feu et la fusion se répand complètement et expire comme de la fumée, hors des métaux. Il ne peut, en effet, rien endurer dans le feu et dans la chaleur; il s'évapore hors des métaux. De cette sorte est l'arsenic des métaux qui, à l'instar de l'Esprit, monte des métaux liquéfiés.

En outre faut-il savoir que le *Mercure* est l'esprit métallique. Et de même que l'Esprit est plus que le corps, le *Mercure* est plus que tous les autres métaux. De même, que l'Esprit pénètre tous les murs, le *Mercure* pénètre tous les métaux. Le *Mercure*, en effet, exerce et opère une action admirable sur les métaux ; nous ne l'expliquons pas tout entier ici, mais nous renvoyons ailleurs. Nous avons vu et expérimenté nous-même que le *Mercure* vif sublimé hors d'un métal calcifié quelconque tel que le cinabre, — le métal calciné ramené de nouveau à son état primitif et rendu plus fusible au moyen d'un peu de plomb — deviendra or, argent, cuivre, fer, acier ; il sera fusible comme chandelle ou comme cire, il fondra sous les rayons du *Soleil* comme neige ou glace, et ensuite, par une digestion de quelque temps, retournera à l'état de *Mercure*. Nous faisons mention de ce fait dans le *Livre de la Résurrection des Choses Naturelles*, où nous parlons du *Mercure* des métaux.

Ainsi se prépare le *Mercure* de l'Or, le *Mercure* de l'Argent, le *Mercure* du Cuivre, le *Mercure* du Fer, le *Mercure* de l'Étain, le *Mercure* du Plomb, etc. Arnault, Aristote et tous les philosophes nous ont dit beaucoup de choses à ce sujet ; mais leurs yeux ont rarement, sinon jamais, vu ces faits se produire ; il faut tenir cela comme un très haut et très noble arcane de la Nature, qu'il faut cacher très soigneusement et ne pas mettre témérairement dans la main de mes adversaires, qui en sont indignes. Que serviraient à une oie une gemme ou une perle ? Elle ne connaît pas cela, ne peut en jouir, et préférera quelque rave. De même l'esprit des sophistes. Ils sont, pour la même raison, indignes de connaître ces arcanes. Il ne faut pas jeter des perles aux pourceaux ni d'objet sacré aux chiens. Dieu a sérieusement défendu qu'on le fasse.

Revenons à la mise en œuvre de notre Electrum, dont nous avons commencé de parler plus haut : il le faut composer suivant le mouvement du ciel et la conjonction des sept Planètes. En voici le processus :

Attends la conjonction de *Saturne* et de *Mercure*, au commencement de laquelle tous les instruments devront être prêts — tels que feu, creuset, plomb pur réduit finement en lamelles et en grains — afin de n'avoir aucune entrave. Au début de la conjonction, faire couler du plomb en faible quantité ; et ce, pour que le *Mercure* répandu sur le plomb ne s'évapore ni ne s'échappe. Au premier point de la conjonction, retire du feu le creuset avec le plomb liquéfié, et verse le *Mercure* ; laisse-les se refroidir ensemble ; puis attends la conjonction de *Jupiter* et de *Saturne* ou de *Mercure* ; et, tout une fois apporté et préparé comme ci-dessus, fais soigneusement couler séparément dans un vase particulier les deux métaux, le pur étain anglais et le plomb joint au *Mercure* ; tu les retireras, les coaguleras au froid et laisseras jusqu'à ce qu'ils se soient refroidis ensemble. De cette sorte, tu auras réunis en une seule masse les trois métaux les plus fusibles et qu'il convient d'unir les premiers. Ensuite attends une autre conjonction entre quelque autre des planètes, *Soleil*, *Lune*, *Vénus* ou *Mars*, et une autre des planètes *Mercure*, *Saturne* ou *Jupiter*. Alors réunis-les de nouveau comme ci-dessus, fais-les couler séparément, mêle-les au moment de la conjonction et mets-les de côté. Tu en feras de même avec tous les autres métaux jusqu'à ce que tu aies fondu et uni en un seul les sept métaux suivant la conjonction requise des Planètes. Ainsi tu auras apprêté l'Electrum. Ceci entendu, fermons ce livre.

Des Sceaux des Planètes.

LIVRE SEPTIÈME.

LES sceaux des Planètes, cela est certain, possèdent une grande force et vertu, s'ils sont préparés et portés à une heure et en un temps convenables suivant le cours du Ciel. Nul ne peut nier la grande puissance des astres supérieurs et des influences célestes sur les choses périssables et mortelles. En effet, si les astres supérieurs et les Planètes peuvent modérer, diriger et forcer, à leur volonté, l'homme animal fait cependant à l'image de Dieu et doué de vie et de raison, combien plus pourront-ils régir les choses moindres telles que métaux, pierres, images ; ils s'impriment en ces choses ou les occupent avec toutes leurs forces selon leur propriété de la même façon que s'ils étaient en elles avec toute leur substance comme eux-mêmes sont au firmament. Eh bien! il est possible à l'homme de les réunir et de les fixer en un quelconque milieu pour qu'ils y opèrent efficacement, que ce milieu soit métal, pierre, image, ou quelque autre objet similaire.

Mais, et c'est très digne d'être connu, les sept Planètes n'ont pas de plus grandes forces que dans leurs métaux propres savoir le *Soleil* dans l'or, la *Lune* dans l'argent, *Vénus* dans le cuivre, *Jupiter* dans l'étain, *Mercure* dans l'hydrargyre, *Mars* dans le fer, *Saturne* dans le plomb. Nous réunirons ici leurs sceaux et enseignerons la fabrication de celui qui convient à chaque Planète, dans son métal propre.

Sceau de Saturne.

Ce sceau doit être fait de plomb de Villach [16] pur et fin, et renfermer dans sa circonférence le carré désigné (par la figure). Ce carré sera partagé en trois filets et la somme *quinze* sera inscrite sur chaque filet en une série de trois nombres. De l'autre côté du sceau, il faut graver en relief l'image de la Planète : savoir un homme

---

16   Carinthie : Paracelse y séjourna.

vieux, barbu, avec une houe dans l'attitude du fossoyeur, une étoile domine sa tête, au-dessus est écrit son nom : *Saturne*. Pour frapper ce sceau, tu auras soin de fabriquer des fers gravés doubles, afin d'imprimer le sceau au moyen de la frappe, comme on le fait pour les monnaies, et d'activer de la sorte l'œuvre le plus rapidement possible. Ensuite attends le jour de *Saturne* où la *Lune* entre dans le premier degré du *Taureau*, ou du *Capricorne*, la planète *Saturne* étant dans un bon cours et un aspect bienfaisant. Alors fonds le sceau et façonne-le par la frappe avec les deux poinçons. Garde soigneusement ce sceau dans un linge propre de soie noire.

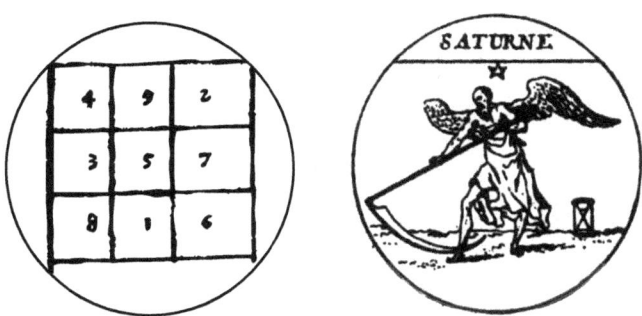

Tout d'abord, ce sceau sert aux femmes enceintes. En le portant sur elles, elles n'auront aucune difficulté dans leurs couches. Ensuite tout ce que touchera ce sceau, multipliera et croîtra. Si un cavalier le porte dans son jambart gauche, personne ne pourra blesser son cheval.

Mais, par contre, si l'on fabrique ce sceau, *Saturne* rétrogradant au jour et à l'heure de *Saturne*, il s'opposera à la réussite de toute bonne entreprise, et si on le pose sur quelqu'un, cette personne perdra ses forces et périra. De même, si en temps de guerre, on l'enfouit dans un lieu où demeurent des soldats, ceux-ci n'useront d'aucun hasard heureux, mais rapidement lèveront leur camp et battront en retraite.

Sceau de Jupiter.

Ce sceau doit être fabriqué de pur étain anglais. Sur son cercle, d'un côté, sera établi un quadrangle multiplicande d'un nombre quaternaire, dont n'importe quelle ligne doit former le nombre 34. Sur l'autre côté du sceau, sera dessinée une image, savoir celle d'un homme, prêtre et lettré, lisant dans un livre tenu à la main et sur la tête duquel se trouvent l'étoile et le nom de *Jupiter*. Pour le sceau, prépare deux poinçons comme ci-dessus. Or, le jour de *Jupiter*, la *Lune* entrant dans le premier degré de la *Balance*, et la planète *Jupiter* en bon aspect, ouvre les poinçons et frappe le sceau que tu garderas dans de la soie bleue.

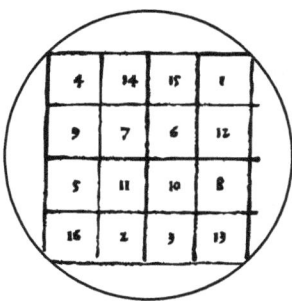 

Ce sceau assure à celui qui le porte la grâce, l'amour et la faveur de tous. Il multipliera et augmentera les jours de celui à qui il sera apposé, rendra son porteur heureux en tous négoces, écartera de lui les soucis et la crainte.

Sceau de Mars.

Ce sceau demande à être frappé dans du très excellent et très dur fer de Carinthie, de forme circulaire, et gardé pour un temps opportun ; un des côtés du sceau doit être un carré multiplié par le nombre 5, de telle façon que n'importe quelle ligne ou colonne forme la somme 65. De l'autre côté, il faut graver l'image de la Planète, savoir un soldat en armes, brandissant à gauche un bouclier, à droite un glaive, et sur sa tête l'étoile et le nom de *Mars*. Pour ce sceau, il faut faire spécialement deux poinçons très durs ; ceux-ci prêts, attends au jour de la *Lune*, à l'entrée de la *Lune* dans le premier degré ou point du *Bélier*, ou du *Sagittaire*, la planète dans un bon mouvement, place et aspect heureux. Alors, avant que cet aspect ne change, fais rougir au feu le fer à frapper pour qu'il soit mieux marqué ; une fois marqué et refroidi, garde-le dans de la soie rouge.

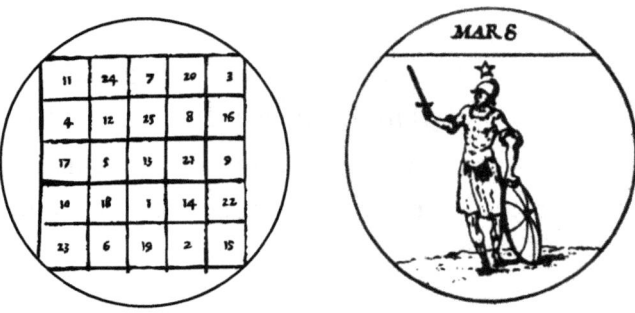

Ce sceau confère à celui qui le porte force et victoire dans les combats et luttes, et le fait triompher en toutes les rencontres sans aucune blessure. Si ledit sceau est enfoui dans un château fort ou une citadelle, tous ses ennemis seront confondus en voulant l'assiéger, si grande est la puissance conférée à ce sceau par cette planète. Si l'on prépare ce sceau, *Mars* rétrogradant, sous son aspect fervide, malin et malheureux c'est le contraire qui arrive. Partout où on le place, s'engendrent guerres pures, dissentiments, haines, jalousies, bref toutes sortes de malheurs.

Sceau du Soleil.

On fabrique ce sceau avec de l'or d'Arabie ou de Hongrie, choisi et très bon, carré, sur un côté, et dont la quadrature sera multipliée par le nombre 6, de telle sorte que dans chaque ligne par le travers comme d'une croix, on compte iii. Sachez que les nombres secrets et cachés dans n'importe quel signe sont les nombres de toutes les autres étoiles sujettes de ces planètes et à elles attribuées par Dieu, comme nous l'avons dit au *Livre des Etoiles*. La Planète est dite précurseur, ou Etoile première. Il convient donc qu'elle ait sous elle les étoiles qu'elle dirige, etc.

De l'autre côté du sceau, il faut sculpter l'image de la Planète elle-même, savoir un roi couronné siégeant sur un trône royal, brillant de la majesté royale, serrant dans sa dextre le sceptre, le *Soleil* et le nom du *Soleil* au-dessus de sa tête, et montrent à ses pieds la figure d'un *Lion*. Ces deux images sont requises pour ce signe. Ensuite fais attention à l'entrée de la *Lune* dans le premier degré du *Lion*, au jour du *Soleil*. Si à ce moment la Planète est de bon mouvement, imprime l'image sur le sceau. Garde-le ensuite dans un fin tissu de lin jaune.

Il faut savoir que la frappe des sceaux n'est pas instituée de telle façon qu'aucun empêchement n'arrive en raison du temps, mais encore pour que toutes choses se fassent au pied levé et en un moment. Cette impression est concomitante de celle des vertus célestes. Telles les impressions célestes et les influences astrales qui se font supernaturellement, très vite et en un moment, avec autant de rapidité que la flèche lancée par l'arc, ou la balle par la machine de guerre, telle est cette impression, qui veut être faite le plus rapidement possible.

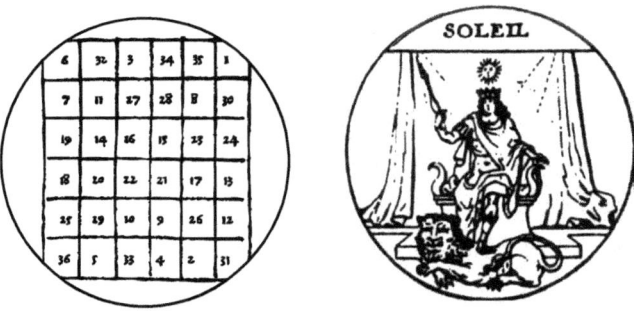

Le port de ce sceau assure la faveur et la grâce des grands, rois, princes, etc., et élève l'homme avec rapidité à un tel point que, exalté coup sur coup tant en biens qu'en honneurs, il devient un objet d'admiration générale.

Sceau de Vénus.

Ce sceau se fabrique avec le cuivre. On le marque d'un côté avec une figure quadrangulaire embrassant dans n'importe quelle ligne le nombre 152, et multipliée par le nombre 7. De l'autre côté, l'on doit voir la figure de la Planète, qui est une femme ayant devant elle un enfant tenant un arc et un trait enflammé. La femme porte de la main gauche un psaltérion ou quelque autre instrument de musique ; au-dessus de sa tête, l'étoile et le nom de *Vénus*. Tu feras pour ce sceau deux poinçons ; puis au jour de *Vénus*, la *Lune* dans le premier degré du *Taureau* et de la *Vierge*, et la Planète en bon aspect, frappe le sceau et garde-le dans une étoffe de lin vert.

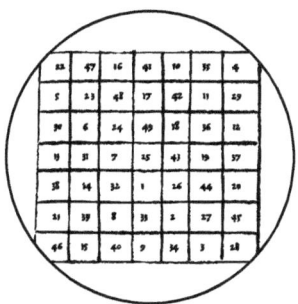 

Celui qui porte ce sceau est orné d'une grâce admirable et insigne ; il s'attire l'amour tant des hommes que des femmes. Le même sceau écarte toute haine et toute envie. Si tu fais boire à ton ennemi irrité un breuvage où aura trempé ce sceau, il te deviendra l'ami le plus sûr, n'aura plus aucune mauvaise intention, mais te fera tout le bien qu'il pourra. Ce sceau donne aussi d'heureuses dispositions pour la musique et assure le succès dans cet art.

Sceau de Mercure.

Ce sceau doit être fondu avec du *Mercure* coagulé. Aucun métal ne peut être frappé s'il n'est ductile. Ainsi le *Mercure* non coagulé par notre procédé ne peut être coulé. Un moule bipartice est nécessaire; sur l'une des parties, on voit le nombre, sur l'autre l'image, comme nous l'avons dit au sujet de la frappe des autres métaux. Ce sceau est d'un côté quadrangulé; ce carré est multiplié par le nombre 8 et chaque ligne forme la somme 260. L'autre côté montre l'image de la Planète elle-même, qui est un ange avec des ailes au dos et aux chaussures, et dans la main droite un bâton barré de deux serpents entortillés, dans le genre d'une croix; sur sa tête sont gravés l'étoile et le nom de *Mercure*.

Tu fixeras le *Mercure* avec du plomb. Nul autre métal n'a plus d'affinité avec le *Mercure* que plomb. La fixation se fait de la sorte: Prends: *plomb fin* ℥ ij. Le fondre dans un creuset en terre réfractaire. Retirer du feu et laisser quelque peu refroidir. Quand il sera proche de la condensation, y couler *Mercure vif* ℥ ij. Par là-dessus, attendre au jour de *Mercure*, la planète en bon aspect, la *Lune* entrant dans le premier degré des *Gémeaux* et du *Scorpion*. Laisse le *Mercure* vif couler peu à peu, verse-le dans le moule que tu secoueras, pour qu'il se glisse plus subtilement. Laisser soigneusement refroidir dans la forme, que l'on doit préparer à la flamme d'une bougie ou d'une torche, afin que rien n'adhère du *Mercure* vif, mais qu'il coule dehors d'une façon fluide et rapide. Si par hasard, dans la fonte, le sceau ne se détache pas assez nettement, tu peux le retailler à ta fantaisie. Tu le garderas dans un linge de lin de couleur pourprée.

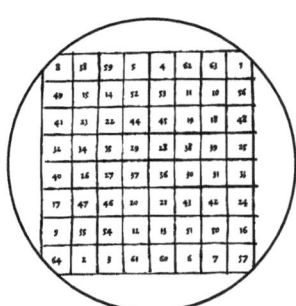 

Ce sceau donne à celui qui le porte une grande facilité et intelligence dans l'étude de la Philosophie et l'universalité des autres arts naturels. Si quelqu'un boit d'un breuvage où aura trempé ce sceau, il gardera une heureuse mémoire et sera guéri de la fièvre. Placé sous la tête d'un dormeur, il lui permettra de voir et d'éprouver tout ce que ce dormeur demandera à Dieu de voir ou de connaître.

Sceau de la Lune.

On fabrique ce sceau avec de l'argent pur. La quadrature se multiplie par 9 de telle sorte que n'importe quelle ligne produise le nombre 369. De l'autre côté du sceau, on verra l'image de la Planète, qui est une femme vêtue d'une robe lâche et flottante, tenant dans sa main droite une moitié de *Lune* et debout sur une autre moitié de *Lune*. Sur sa tête une étoile et son nom : *Lune*. Pour ce sceau, il faut avoir également deux poinçons. Enfin il faudra attendre, la *Lune* en bons cours et aspect, au jour de la *Lune* entrant dans le point du *Capricorne* et de la *Vierge*. Alors marque le sceau et garde-le dans une étoffe de lin blanc.

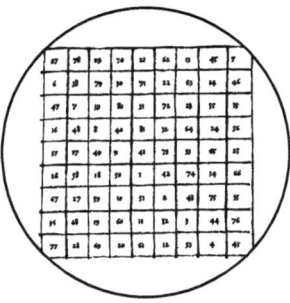 

Ce sceau préserve celui qui le porte de nombreuses maladies. Il sert aux voyageurs, aux agriculteurs, garantit des larrons et des brigands. Les objets sur lesquels on l'apposera, conserveront leur intégrité et auront une longue durée [17].

FINIS.

---

[17] Ne se décomposeront pas.

TABLE DES MATIÈRES

Note de l'éditeur. 7
Préface. 9
Introduction 15
Le Prologue. 25

Premier Traité. — Des Mystères des Signes du Zodiaque : Étant la Cure Magnétique et Sympathique des Maladies, alors qu'elles sont attribuées sous les Douze Signes régissant les parties du Corps 35
    De la céphalée ou douleurs de tête 35
    Contre le mal caduc ou épilepsie 36
    Figure pour la conservation de la vue. 40
    Contre la consomption ou tabès et autres
        maladies du cerveau 41
    Secret puissant contre la paralysie. 42
    Contre le calcul et sables des reins 44
    Des parties génitales 46
    Comment assurer une longue vie au cheval. . . .49
    Onguent vulnéraire. 51
    Onguent des armes. 52
    Contre la goutte aux pieds 53
    Onguent sympathique contre la goutte. 56

Contre la paralysie ou contracture 57
Sceau contre la paralysie 58
Pour les menstrues des femmes 59
Contre la lèpre .61
Contre le vertige 63
Contre le spasme 65
Contre les palpitations du cœur 66
Préparation d'huile de corail et de succin 69
contre les palpitations du cœur 69
Un appendice concernant la fracture des os. 70

Le Second Traité. — Des Médecines Célestes, Comprenant, Les Mystères des Signes du Zodiaque . .71
    Bélier 71
    Taureau 73
    Gémeaux 75
    Cancer 77
    Lion 78
    Vierge 80
    Balance 81
    Scorpion 82
    Sagittaire 84
    Capricorne 86
    Verseau 87
    Poissons 88

Livre Troisième. — Voici d'autres Secrets Communs de la Nature, de Paracelse 91
    Des troupeaux .92
    Contre les mouches 95

TABLE DES MATIÈRES

Livre Quatrième. — De la transmutation des Métaux,
et des Époques 97
   Table indiquant les moments propices pour la
      transmutation des Métaux 98
   Exemple 99

Livre Cinquième. — De la constellation du Miroir. . . 101
   Or 105
   Argent 106
   Cuivre 106
   Fer 106
   Plomb 106
   Étain 107
   Vif-Argent 107

Livre Sixième. — De l'alliage des Métaux 115

Livre Septième. — Des Sceaux des Planètes 127
   Sceau de Saturne 128
   Sceau de Jupiter 130
   Sceau de Mars 131
   Sceau du Soleil 133
   Sceau de Vénus 135
   Sceau de Mercure 136
   Sceau de la Lune 138

www.ingramcontent.com/pod-product-compliance
Lightning Source LLC
Chambersburg PA
CBHW070458100426
42743CB00010B/1672